Beverly Hills, 90210
Dernière année !

BEVERLY HILLS, 90210

90210	*J'ai lu*	3637/4
Pas de secrets	*J'ai lu*	3638/4
Vacances au Beach Club	*J'ai lu*	3716/4
Rendez-vous dans dix ans	*J'ai lu*	3717/4
Frères ennemis	*J'ai lu*	3860/4
A cœurs perdus	*J'ai lu*	3861/4
Nuages à l'horizon	*J'ai lu*	3958/4
Des plans d'enfer	*J'ai lu*	3959/4
Vacances torrides	*J'ai lu*	4081/4
Dernière année !	*J'ai lu*	4082/4

BEVERLY 90210 HILLS ™

SPELLING ENT INC

Dernière année !

Un roman de

Mel Gilden

Basé sur les séries télévisées créées par Darren Star

D'après les téléfilms de Karen Rosin, Steve Wasserman & Jessica Klein, et Star Frohman

Traduit de l'américain
par Ivy Colin

Éditions J'ai lu

Titre original :

BEVERLY HILLS, 90210 - SENIOR YEAR
HarperPaperbacks,
a division of HarperCollins*Publishers*, New York

1

Semelles de plomb

Ce n'était pas vraiment une soirée comme les autres, au Peach Pit. Brandon ne pouvait s'empêcher de rire en voyant la scène. Tous ses amis étaient réunis autour de Dylan McKay, pour fêter ses dix-huit ans. Ils chantaient un *Happy Birthday* à tue-tête. Mais Steve Sanders et David Silver se détachaient un peu du groupe : ils étaient appuyés sur le piano et braillaient comme des fous.

Dylan semblait apprécier la petite fête sauf que, de temps à autre, il était saisi de quintes de toux assez violentes. Chaque fois, Brenda Walsh et Kelly Taylor le regardaient d'un air inquiet. Officiellement, c'était Brenda la copine de Dylan. Mais il n'avait jamais laissé Kelly indifférente. Brandon connaissait bien la nature de ses sentiments. Il ne disait rien à personne, cependant. La vie était déjà bien assez compliquée comme ça. Ce n'était pas la peine d'en rajouter.

Nat chantait, comme les autres, et jouait au chef d'orchestre. Cependant, il n'avait pas de baguette dans les mains, juste son vieux torchon humide. Ça ne faisait pas très sérieux !

En tant que directeur du Peach Pit, il s'intéressait à tout ce qui se passait dans son établissement. De plus, Dylan et lui étaient amis de longue date. Ils se connaissaient même avant que les Walsh déménagent du Minnesota pour venir s'installer à Beverly Hills.

Ce soir-là, Brandon était de service. Normalement, Nat n'aimait pas trop que ses employés sympathisent avec les clients. Mais, cette fois-ci, il ne dit rien en voyant Brandon passer son bras autour de la taille de Nikki.

Nikki était une petite brune, sympa. Elle était assez bien faite, ce qui était extraordinaire, vu son manque d'intérêt pour le sport. En fait, ce qui la maintenait en forme, c'était plutôt la danse. Brandon estimait que c'était une perversion sans nom, mais il ne disait rien tant qu'on le laissait tranquille. Ça ne l'intéressait pas de danser, il trouvait ça débile. Sauf que Nikki ne le laissait pas indifférent du tout. Leur relation avait l'air de tenir la distance, d'ailleurs. Ça faisait longtemps que ça ne lui était pas arrivé...

Parmi tous les invités, se trouvait Gil Meyers. Il était prof d'anglais au lycée et avait été l'instigateur du journal *West Beverly Blaze*. Il n'était pas beaucoup plus âgé que ses élèves et il avait un bon rapport avec eux, en général. Ce n'était pas un prof très facile, loin de là ! Mais il était excellent dans son domaine et dans bien d'autres. Au début, ça faisait bizarre à Brandon de l'appeler Gil. Surtout pendant les cours. Mais après, il s'y était fait.

Ils finirent de chanter leur *Happy Birthday* – ce n'était pas trop tôt ! – et demandèrent à Dylan de prononcer un discours. Il sourit de son air timide, haussa les épaules mais se leva quand même de sa chaise :

– Je n'ai pas beaucoup l'habitude de parler en public, comme vous le savez... commença-t-il.

Mais il ne réussit pas à continuer. Il fut pris d'une énième quinte de toux, encore plus violente que les précédentes.

Brenda se leva pour le sortir d'embarras :

– Il n'est pas très habitué à parler en public, comme vous pouvez le constater, mais il tient à vous remercier d'être venus ce soir. D'autant plus que son véritable anniversaire est la semaine prochaine !

– Je suis bien contente de ne plus être la seule à pouvoir voter ! s'exclama Donna Martin. Je me sentais un peu vieille. Bienvenue au club, Dylan !

Au lycée, on appelait Donna, Brenda et Kelly les Trois Mousquetaires, ou les Triples Chipies, selon le point de vue. Elles étaient très bonnes copines même si, de temps en temps, il y avait quelques frictions au sein du groupe.

Pendant que Brenda parlait à sa place, Dylan se remit un petit peu. Il prit un grand couteau de cuisine, le tint à deux mains, comme un samouraï, et le pointa d'un air menaçant sur le gâteau.

– Tu sais super bien tousser, mon vieux, je suis impressionné, fit Brandon d'un air faussement admiratif.

– Ouais, merci. Ça fait un bout de temps que je m'entraîne !

Dylan commença à découper le gâteau et à passer les assiettes à ses amis. Il avait l'air très malade. Il ne venait plus qu'épisodiquement au lycée depuis plusieurs jours, et Brandon était assez surpris de le voir à la fête, ce soir. Mais c'était tout de même une bonne surprise.

– Eh, t'as pas de la monnaie pour le juke-box ? demanda David à Nikki.

Comme elle, il adorait danser. D'ailleurs, c'était la première chose que Donna avait remarquée chez lui : il bougeait génialement bien. Ça mettait Brandon sur les nerfs, mais il essayait de rester large d'esprit. Ce n'était pas évident.

Le juke-box se mit à jouer un morceau avec un groove super entraînant. Nikki se retourna vers Brandon, le regard interrogateur. Elle avait l'air tout excitée.

– C'est absolument hors de question, dit Brandon.

– Mais tu ne me laisses jamais m'amuser ! se plaignit Nikki.

– Si, si ! Bien sûr ! Amuse-toi ! Prends ton pied ! De toute manière, tu vas voir. Vous allez tous danser comme des fous et vous serez tellement crevés que vous tomberez comme des mouches ! Il ne restera plus que moi ! Frais comme une pâquerette ! Chaque fois, c'est la même chose !

Nikki lui fit une petite moue – « elle est super mignonne comme ça ! » pensa Brandon. Elle attrapa David par le bras et l'entraîna sur la piste.

Brenda vint rejoindre son frère.

– Elle est chouette, Nikki ! dit-elle.

Brandon hocha la tête. David était complètement inoffensif, comme mec. Il n'y avait vraiment rien à craindre de ce côté-là. Mais Brandon était un peu jaloux de voir Nikki et lui bouger ensemble. Il ne pouvait pas s'en empêcher. Quand sa copine dansait, toutes ses inhibitions tombaient et elle faisait parfois des mouvements assez provocants.

Mais, pour Brandon, ça aurait été plus facile de marcher en lévitation à trente centimètres du sol, que de danser comme David.

– Ce week-end, on va au Kingston Twelve, continua Brenda. Steve nous a promis qu'il pourrait nous faire entrer gratos.

Le Kingston Twelve était une des boîtes les plus chaudes de la côte et Brandon doutait fort de ce qu'avait dit Steve. En quel honneur pouvait-il les introduire dans un endroit aussi branché ?

– Ben, amusez-vous bien, alors ! se contenta-t-il de répondre.

– Ouais, mais si tu étais cool, tu viendrais avec nous. Et tu accompagnerais Nikki.

Brenda et Brandon étaient jumeaux, même si Brandon était âgé de quelques minutes de plus et ne cessait de lui faire sentir son statut d'aîné. Ils aimaient bien s'occuper l'un de l'autre, s'assurer que tout allait bien. Mais quand Brenda s'intéressait à lui, Brandon ne la prenait pas trop au sérieux. Après tout, c'était lui le grand frère, non ?

– Je ne danse pas, Brenda. Tu le sais bien. Je n'ai aucun sens du rythme et, d'ailleurs, j'ai le mal de mer dès que je m'assois dans un rocking-chair. Je ne te l'ai jamais dit, mais j'ai deux pieds gauches et tous mes doigts de pieds sont des gros orteils. Tu imagines le tableau ?

Non, Brenda n'avait pas l'air très horrifiée par la révélation de son frère !

– À mon avis, Nikki s'en fiche pas mal. T'as qu'à aller sur la piste et la laisser danser autour de toi... Ça lui fera plaisir et on ne sait jamais... peut-être que tu t'y mettras aussi.

Brandon enrageait.

– Elle va finir par être malheureuse, Nikki, si tu continues à lui demander de faire tapisserie, dès qu'il s'agit de se bouger un petit peu ! Penses-y !

Brandon avait déjà réfléchi à la question des dizaines de fois. Mais il avait toujours tiré la même conclusion. Il préférait aller chez le dentiste le plus sadique de la planète plutôt que de danser avec sa copine.

Nikki n'avait jamais l'air aussi heureuse qu'en boîte. Qu'est-ce qui pouvait bien empêcher Brandon de l'accompagner ? À en croire David Silver, si on pouvait marcher, on pouvait aussi danser. Brandon avait des doutes sur la question. Mais peut-être qu'il pourrait apprendre sans réduire les pieds de Nikki en bouillie...

Quand le morceau s'arrêta, il avait pris une décision. Il accompagnerait Nikki au Kingston Twelve et la laisserait bouger autour de lui. Dans *Mariage royal*, Fred Astaire avait bien réussi à faire d'un vulgaire portemanteau un danseur du tonnerre. Et Brandon espérait quand même être un peu meilleur qu'un portemanteau. Sinon, effectivement, son cas était grave !

Il tira Nikki des bras de David et elle le regarda en souriant.

– Où est-ce que tu as appris à danser comme ça ? lui demanda-t-il.

– Je suis complètement autodidacte, répondit-elle fièrement.

– Ouais, ils disent tous la même chose... Bon, écoute. Samedi prochain, le gang va au Kingston Twelve. Tu veux venir ?

– Avec toi et tes semelles de plomb ? demanda-t-elle d'un air étonné.

– Ouais, bien sûr. Pourquoi pas ? Je te laisserai danser autour de moi.

Nikki éclata de rire.

– Alors là, tu rêves, mon vieux ! Si on danse, on danse tous les deux. Je te préviens !

Brandon avait commis une erreur. Mais il était un peu tard pour s'en apercevoir.

– Bon, d'accord, répondit-il. On dansera ensemble.

Il avait une tête de chien battu.

Steve s'approcha d'eux et examina Brandon d'un air effaré. Comme s'il s'était mis à marcher en lévitation, à trente centimètres du sol.

– Eh, je suis super choqué par ce que je viens d'apprendre ! Il paraît que Brandon Walsh va venir en boîte avec nous ? Pour s'amuser ? Je le crois pas, c'est pas possible !

– Si, si ! répondit Nikki. En plus, je suis sûre qu'il va vous donner une super leçon de danse. Vous n'en reviendrez pas !

La musique reprit et David vint chercher Nikki. Elle lui raconta que Brandon les accompagnerait au Kingston, le samedi suivant. Elle était surexcitée.

– J'ai hâte de me mesurer avec toi ! dit David, en pinçant l'épaule de Brandon.

Et il entraîna Nikki avec lui.

Brandon avait vraiment la mort dans l'âme.

– Mais elle plaisante, non ? demanda sa sœur.

Elle reposa son assiette, qui contenait plus de miettes qu'autre chose.

– J'aimerais bien ! répondit Brandon.

Brenda sourit.

– On croirait que tu deviens plus ouvert d'esprit avec l'âge. J'ai du mal à le croire !

– Non, j'ai seulement peur de devenir plus faible, répondit-il d'un air dégoûté.

– T'inquiète pas. Nikki adore danser, personne ne se moquera de toi et tu vas super bien t'amuser !

– Dylan et toi, vous allez venir ?

Après tout, pourquoi devrait-il souffrir seul ?

– Oui, peut-être, si Dylan se sent bien. Mais ses quintes de toux l'ont vidé de toute son énergie.

Y a des mecs qu'ont vraiment du bol, pensa Brandon.

– Et que dit le docteur ? se contenta-t-il de répondre.

– Tu sais bien que c'est encore plus difficile d'emmener Dylan chez un médecin que de t'entraîner sur une piste de danse.

– Tu parles. Vous n'avez qu'à lui dire la même chose qu'à moi. Que c'est super rigolo et que c'est pour son bien !

– Oui, tu dois avoir raison, fit Brenda.

Brandon vit de nouveau Dylan s'arracher la gorge avant de quitter la fête pour rentrer chez lui. Ça faisait mal rien que de l'entendre.

Nikki dansa toute la nuit, avec David, Steve, et même avec Nat.

Pendant ce temps-là, Brandon essayait de se faire une raison. Si le portemanteau arrivait à danser, pourquoi pas lui ?

2

Une fille spéciale

Après les cours, Sue Scanlon alla se changer dans les toilettes pour dames. Elle opérait une réelle transformation. De jeune femme au top de la mode, elle devenait une petite fille à maman, bien sage. Elle effaçait son maquillage, ôtait ses boucles d'oreilles, tirait sur sa jupe pour la rallonger et reboutonnait son chemisier jusqu'au col. À la maison, on ne lui aurait jamais permis d'être aussi dévergondée...

C'était pas très drôle d'avoir à se changer deux fois par jour, mais elle ne pouvait pas faire autrement. Tout le monde se serait moqué d'elle, au lycée, si elle s'était présentée avec les habits que lui faisait porter sa mère. Et, à la maison, elle n'avait pas le droit de mettre des vêtements trop jeunes.

Sue faisait toujours tout son possible pour être agréable à sa mère. Mais elle avait l'impression qu'elle se plantait chaque fois. Sa famille n'arrêtait pas de la comparer à son frère, Scott. Mais Scott avait un avantage immense sur elle : il était mort. Comme ça on ne pouvait pas lui reprocher de faire des bêtises. En plus, la mémoire de sa mère était sélective : elle était persuadée qu'il avait été un saint toute sa vie. Et puis il y avait eu cet accident stupide.

Il s'était mis une balle dans la tête en essayant de nettoyer un vieux pistolet...

Ces derniers temps, Sue en avait vraiment marre de toujours se faire enguirlander pour tout et pour rien. Elle devenait de plus en plus jalouse de son frère. C'était facile de se donner la mort et de s'en sortir la main haute, comme ça.

Pour aggraver la situation, Sue n'était pas très bonne à l'école. Surtout en anglais. Monsieur Meyers prétendait qu'elle aurait de meilleures notes si elle assistait un peu plus souvent aux cours, mais elle n'en était pas persuadée. Elle était idiote et monsieur Meyers la détestait. Un point c'est tout. Il n'y avait aucun remède. Le pire, c'était qu'elle aimait beaucoup ce prof. Il lui parlait toujours super gentiment. Pour essayer de cacher tout le mal qu'il pensait d'elle, certes. Mais ça changeait quand même un peu de l'habitude.

Sue arriva chez elle et trouva sa mère en train de tapoter l'oreiller de Scott. Elle avait sûrement encore passé son après-midi à pleurnicher sur la photo de son frère. En entendant sa fille rentrer, elle s'était levée et avait fait semblant de remettre un peu d'ordre dans la chambre... Tous les jours, c'était la même chose.

Madame Scanlon passait de temps en temps le plumeau, mais elle avait laissé la pièce exactement dans l'état où elle était le jour du décès. Un autel. Un autel pour saint Scotty. Sue ne supportait pas qu'on la compare à un mort qui faisait forcément tout bien. C'était vraiment injuste.

Elle entra néanmoins dans la chambre et essaya de parler le plus gaiement possible :

– Salut, m'man !

Madame Scanlon la regarda à peine.

– Tu es en retard, dit-elle, la voix pleine de reproches. Où es-tu encore allée traîner ?

L'heure… Une affaire d'État chez les Scanlon ! Sa mère faisait souvent la leçon à Sue. C'était pénible. Elle devait avoir peur qu'il lui arrive un accident aussi débile qu'à Scott, mais ce n'était pas la peine d'en faire tout un plat. Soit elle n'avait aucune confiance en elle, soit elle se méfiait de l'univers entier mais, en tout cas, elle avait un problème. C'était certain.

Sue essaya de prendre les choses à la légère et de dédramatiser.

– Je n'ai que quatre minutes et trente-trois secondes de retard ! dit-elle gaiement.

– Tu te moques de moi ou quoi ? demanda sa mère, la voix menaçante.

– Non, répondit-elle d'un air las.

Sue poussa un long soupir. Être copine avec sa mère lui semblait aussi inespéré que de réussir l'exam d'anglais.

Elle fit un pas pour sortir de la pièce et y était presque arrivée, quand elle entendit :

– Au fait, tu peux dire adieu à toutes les sorties que tu avais prévues cette semaine. Et la semaine prochaine aussi, d'ailleurs !

– Mais, maman !… s'exclama Sue.

Elle ne supportait pas de rester enfermée chez elle. Pire que le cachot !

– Ton oncle Ernest doit arriver demain. Il dormira dans cette chambre. Dans le lit de mon Scotty.

Sur l'autel, pensa Sue. C'était du reste étonnant que sa mère ne conserve pas les os de son frère dans une vieille boîte à chaussures, ou quelque chose dans ce style.

– Mais pourquoi ne dormirait-il pas en bas ? demanda-t-elle. Tu n'as jamais laissé personne toucher aux affaires de Scott depuis le jour où…

– Quand tu auras ta propre famille et ta propre maison, tu pourras décider où faire coucher les gens. Mais, pour l'instant, je suis ici chez moi, et je n'ai de leçon à recevoir de personne. Et surtout pas de toi ! dit madame Scanlon, d'un air mauvais.

Elle prit une photo encadrée et la regarda avec adoration. Elle ne faisait jamais ça avec Sue.

La jeune fille quitta la pièce. Elle n'avait pas envie d'entendre une fois de plus l'histoire d'Ernest. Comme quoi c'était l'oncle préféré de Scott et que, s'il avait pu donner son avis, il aurait voulu qu'il dorme dans sa chambre, etc.

En fait, c'était un gros soulagement pour Sue d'aller au lycée, le lendemain matin. Tout le monde la détestait mais ça n'avait pas trop d'importance. Ici, elle pouvait se fondre dans la masse. Pas comme à la maison.

Monsieur Meyers la convoqua à l'heure du déjeuner. Il voulait lui parler de ce fichu examen d'anglais. Ça ne servirait pas à grand-chose, mais Sue irait quand même le voir. Il ferait peut-être comme s'il l'aimait bien. Ça lui ferait plaisir, ça la changerait un peu de l'ordinaire et de la haine ambiante.

Quand elle rentra dans la salle de classe, monsieur Meyers était assis sur son bureau, et balançait une jambe dans le vide. Il arrêta de manger sa pomme et proposa à Sue de s'installer sur une chaise. Puis il lui demanda ce qui n'allait pas. La jeune fille expliqua qu'elle avait toujours eu du mal à s'intégrer dans des groupes de travail. La meilleure solution, ce serait peut-être de suivre des cours individuels, par correspondance.

Monsieur Meyers sourit. Il était super craquant comme ça.

– Tu ne peux pas faire ça, Sue. On en est déjà à plus de la moitié de l'année, il est trop tard. Et moi, je dois suivre le programme jusqu'au bout. Tu en as discuté avec madame Teasley ?

Monsieur Meyers avait vraiment une très belle voix. Super chaude. Dans tous les sens du terme. Elle aurait pu l'écouter pendant des heures sans rien dire. Mais le souvenir de madame Teasley la mit en colère et elle sentit les larmes affluer. Certains jours, elle avait l'impression qu'elle ne faisait que pleurnicher.

Elle était embarrassée et alla fermer la porte de la salle. Elle s'appuya dessus et secoua la tête.

– Madame Teasley ne peut pas me voir. Je l'ai suppliée de ne pas téléphoner à ma mère mais elle l'a fait quand même.

Monsieur Meyers hocha la tête, comme s'il comprenait bien la situation.

– Tu es vraiment au trente-sixième dessous, en ce moment, hein ?

– Ouais. De toute manière, ça fait quoi si je me plante à l'examen ? Ma mère mourra de honte en réalisant que sa fille est complètement tarée. C'est tout.

Ça ne serait peut-être pas plus mal, d'ailleurs, pensa-t-elle sans rien dire.

– Tu as l'impression d'être tarée ? demanda monsieur Meyers.

– Ouais. Parfois je me dis que la seule solution, c'est la mort. Il a dû y avoir une erreur. Ça aurait dû être moi, et pas mon frère qui…

Mais elle cessa de parler. Elle n'avait pas envie de raconter toute l'histoire.

– Je suis désolée, ajouta-t-elle, en espérant qu'il changerait de sujet.

Mais, évidemment, il demanda :

– Désolée pour quoi ? Parce que tu es honnête ? Tout le monde a des hauts et des bas, tu sais. Le truc, c'est qu'il faut se concentrer sur les points positifs, se raccrocher aux choses que tu aimes et qui en valent la peine…

– Comme quoi, par exemple ? l'interrompit-elle. Il n'y a absolument rien. C'est vide, tout autour de moi.

Monsieur Meyers haussa les épaules.

– Eh bien, il y a moi, au moins. Et je peux te dire que tu comptes pour moi. Si tu n'étais pas là, il me manquerait quelque chose…

Sue éclata de rire, ce qui la surprit un peu d'ailleurs. Elle qui croyait n'être bonne qu'à chialer comme une Madeleine…

– Vous n'auriez pas un peu la grosse tête, par hasard ? demanda-t-elle.

– Si, bien sûr, répliqua-t-il. Mais si ça te fait rire, ça ne peut pas être mal !

Il prit un kleenex dans le tiroir de son bureau et alla essuyer les larmes qui ruisselaient sur les joues de son élève.

Sue était un peu embarrassée :

– Je suis venue ici pour parler de mon examen d'anglais et vous faites tout pour m'amuser. Vous êtes vraiment… comment dirais-je ? Vous êtes différent.

Il posa ses mains fermement sur les épaules de la jeune fille et la regarda droit dans les yeux. Ce qui la fit encore plus rougir. L'aimait-il vraiment pour de bon, ou faisait-il semblant ?

– Tu es différente aussi, Sue. Une fille très spéciale. Exceptionnelle, même. Il faut que tu le croies, que tu aies foi en toi, c'est tout.

Peut-être l'aimait-il déjà un petit peu, après tout. Mais elle ferait tout pour qu'il l'aime encore plus. Être l'amie de Gil Meyers était cent fois plus important que de passer un vulgaire examen de fin d'année.

Cependant, les choses ne se passèrent pas exactement comme Sue les avait prévues. Elle se précipita hors de la salle de classe en pleurant et se retrouva dans le hall, presque vide. Elle le détestait ! Elle se détestait elle-même ! Elle haïssait tout le monde ! Tout à coup, elle se retrouva face à face avec Andréa Zuckerman. Elle était bizarre, cette nana.

Leurs regards se croisèrent un instant. Sue était sûre que l'autre allait parler et ce n'était vraiment pas le moment. Elle ne lui laissa donc aucune chance et continua de courir.

En arrivant à la maison, elle s'était un peu calmée. Mais elle ne se sentait pas encore tout à fait remise. Du reste, elle avait abandonné tout espoir de voir les choses tourner à son avantage. Autant passer devant la maison sans s'arrêter. Continuer jusqu'à la plage et s'enfoncer dans l'Océan... Ça n'aurait pas été pire. Au contraire.

Mais elle aurait encore été capable de se rater. Et il aurait fallu se justifier, demander des excuses. Elle l'avait déjà assez fait, elle en avait marre.

Elle traversa le living-room. Sa mère était en train de regarder des vidéos de vacances. Les jours heureux ! Le barbecue ! Scott, évidemment, était la star de tous les films.

Sue crut qu'elle pourrait gagner sa chambre sans se faire remarquer. Mais sa mère l'appela. Elle avait l'air très en colère.

La jeune fille resta pétrifiée dans l'encadrement de la porte. C'était sûrement à cause de madame Teasley.

Madame Scanlon posa la télécommande et se leva.

– Pourquoi ? demanda-t-elle. Je n'ai qu'une question à te poser : Pourquoi ?

– Pourquoi quoi ? répliqua Sue, perplexe.

– N'essaie pas de jouer à la plus maligne avec moi, veux-tu ! J'exige une réponse !

Sue poussa un long soupir.

– C'est à propos de madame Teasley, c'est ça ?

– Non, Sue, madame Teasley a appelé, certes. Mais c'est à propos de toi.

Elle ne comprenait rien. Ça n'avait d'ailleurs plus aucune importance. Surtout après ce qui venait de se passer.

– Tu veux savoir pourquoi ta fille est aussi tarée, c'est ça ?

Elle parlait à la légère. Comme si ça n'était plus qu'une grosse farce.

– Y a eu une confusion malheureuse, à la maternité. Une mère s'est retrouvée avec ta super fille, mignonne et intelligente, alors que toi, tu as récolté le monstre, moche et débile.

– Je t'interdis de parler de la sorte ! cria madame Scanlon.

Les deux femmes s'examinèrent un instant. Ce n'était pas la peine de résister.

– Et alors, qu'est-ce qu'elle t'a dit, madame Teasley ?

– Tu le sais très bien. Elle t'avait prévenue, avant de m'appeler. Mais ce que je veux savoir, c'est ce qui est arrivé à ma petite Susie, celle qui travaillait si bien à l'école et qui était si fière de ses bonnes notes. Tu te souviens ?

Elle attendit. Sue ne broncha pas. Sa mère ne comprendrait pas. De plus, Sue ne comprenait pas bien elle-même… C'était un tel taudis dans sa tête… Il lui faudrait du temps pour y mettre de l'ordre. Des années, probablement.

– Ton oncle Ernest réussira peut-être à te faire parler. Il va arriver d'un moment à l'autre.

– Je suis désolée, répliqua Sue. Je ne vois pas ce que tu attends de moi.

– Je veux que tu sois heureuse, c'est tout.

Ça faisait longtemps que ça n'était pas venu à l'esprit de Sue. Alors comme ça, sa mère voulait son bonheur ? C'était peut-être la vérité, après tout.

Elle se mit à renifler et ne put retenir ses larmes.

Madame Scanlon approcha et posa ses mains sur les épaules de sa fille, exactement comme l'avait fait Gil Meyers. Mais le prof semblait prendre les choses à cœur, tandis que madame Scanlon se contentait d'être vaguement inquiète…

– Qu'est-ce qui s'est passé, Sue ? On parlait toujours de tout, avant, tu te rappelles ?

Quelque chose s'était peut-être produit à l'école ? Elle se souvint d'avoir traversé le hall en pleurant. C'était sûrement assez grave…

Tout d'un coup, elle revit les gros yeux, tout proches, les mains puissantes. Et l'anxiété qui montait, qui montait… Jusqu'au moment où elle avait réussi à s'échapper de la salle.

Elle n'avait rien fait de mal. Ce n'était pas sa faute. Mais il fallait que ça reste un secret. C'était très important. Il le lui avait fait promettre. Si elle disait quoi que ce soit, elle aurait de gros problèmes…

– Il s'est passé quelque chose, au lycée, aujourd'hui, révéla Sue. Quelque chose de pas bien. Mais tu dois me jurer que tu n'en parleras à personne…

Sue tomba dans les bras ouverts de sa mère et fut secouée par les sanglots…

3

Conduite déplacée

Brandon était en classe d'anglais. Gil Meyers donnait un cours sur Edgar Poe et Nathaniel Hawthorne mais sa vie bascula en un instant. Quelqu'un lui apporta un message personnel. Il le lut et parut complètement décontenancé. Il bafouilla une excuse et sortit de la salle. Comme un somnambule.

Il ne reparut pas pour la réunion des rédacteurs du *West Beverly Blaze*. Quelque chose de très grave avait dû se produire. Après la réunion, Brandon retrouva Andréa dans la salle de rédaction du journal. Ils étaient seuls.

– Ce n'est pas du tout son genre de rater une conférence, dit-il en hochant la tête d'un air inquiet.

– Ah bon ? Et c'est quoi son style, d'après toi ? fit Andréa sur un ton ironique.

Cette attitude surprit Brandon. Il demanda :

– Pourquoi dis-tu cela ?

– Je ne sais pas. Mais je commence à le connaître. Et plus rien ne m'étonne chez lui.

Brandon aurait bien voulu savoir ce qui s'était passé entre Gil et Andréa pour qu'elle réagisse aussi mal. Il faillit lui poser la question mais David Silver choisit ce moment-là pour arriver.

– Salut Andréa ! Brandon, quand veux-tu qu'on se retrouve pour ce...

– Cette *réunion* ? s'empressa d'ajouter Brandon, de peur que David ne fasse une gaffe irréparable.

– Quelle réunion ? demanda Andréa.

– Un truc pour les mecs, rétorqua Brandon. Tu peux pas comprendre. On doit parler de sport, de mécanique...

– Et de lutteuses qui se battent dans une piscine de boue ? demanda Andréa, qui ne croyait pas un mot de ce que Brandon lui avait dit.

– Ouais, exactement. C'est bien ce que je dis. C'est un truc de mecs.

– Bon, d'accord, fit Andréa.

Brandon attira David hors de la pièce.

– Vendredi, ça marche ?

– Ouais, mais ça ne te laissera pas beaucoup de temps.

– T'as dit que tu pouvais m'apprendre à danser en seulement une leçon, lui rappela Brandon.

David eut soudain l'air inquiet.

– Moi, j'ai dit ça ? Tu es sûr ?

– Oui ! Tu n'arrêtes pas de me le répéter depuis que je te connais !

– Bon, d'accord. Alors on se retrouve vendredi, chez toi, après les cours.

Brandon sourit.

– J'ai hâte de commencer !

Peut-être que d'ici là, il aurait un bol incroyable et se casserait une jambe !

Manque de chance, cela ne se produisit pas. Et comme un malheur n'arrive jamais seul, Gil Meyers ne revint pas au lycée. Son remplaçant essayait tant bien que mal de couvrir l'essentiel du programme. Mais, apparemment, il n'était pas programmé génétiquement pour l'enseignement, comme son prédécesseur.

Brandon tenta plusieurs fois d'appeler le prof. Il tombait malheureusement toujours sur le répondeur. Ce que ça pouvait être agaçant ! Il essaya aussi d'apprendre quelque chose par le téléphone arabe. Ça marchait toujours. Même quand il n'y avait rien à dire... Sauf que, cette fois-ci, il n'obtint aucune information.

À midi, Brandon aperçut Dylan. Il était assis dans la cour et lisait un bouquin, à l'abri d'un gros arbre.

– T'as l'air en forme, vieux !

– Ouais. Je dois avouer que c'était peut-être une bonne idée d'aller chez le médecin. Elle m'a prescrit des antibiotiques qui me font vraiment du bien.

Il haussa les épaules et ajouta :

– Je devrais peut-être suivre les conseils de Kelly et de ta sœur plus souvent !

– Je vais leur dire, ça leur fera plaisir ! fit Brandon, pour le taquiner.

– Non ! T'es dingue ! De toute manière, ce sera ta parole contre la mienne. Je nierai tout ce que tu diras.

– C'est pas bête ! Écoute, j'ai quelque chose de sérieux à te demander. Tu connais la Malibu Coast Drive ?

– Tu parles, c'est là que je fais du surf ! Quand je ne suis pas malade...

– Et le numéro 4580 ?

Dylan réfléchit un instant.

– Non, pourquoi ?

– C'est l'adresse de Gil, répliqua Brandon. J'aimerais bien lui rendre une petite visite. Tu voudrais pas m'accompagner ?

– Si tu veux...

– Eh, les mecs ! cria quelqu'un au loin.

C'était Brenda. Elle courait dans leur direction.

– J'ai des super mauvaises nouvelles, dit-elle en s'approchant. Gil Meyers a de très gros problèmes.

– Gros comment ? demanda Dylan.

– Plus gros que ce que tu crois, en tout cas. Je ne connais pas le fin mot de l'histoire, mais il a été, je cite : *démis de ses fonctions en attendant les conclusions de l'enquête.*

Effectivement, ça n'avait pas l'air très réjouissant.

– Quelle enquête ? demanda Brandon, mais il avait déjà peur d'entendre la réponse.

– Je cite encore : on l'accuse de *gestes déplacés envers élève de sexe opposé.*

Les deux garçons furent profondément choqués.

– Ça m'étonnerait bien de Gil, fit Brandon.

– Ouais, mais rappelle-toi qu'il essayait toujours de flirter avec les filles... rétorqua Brenda. Peut-être que cette fois-ci, il est allé un peu trop loin.

Brandon réfléchit quelques instants. Gil n'était pas le genre de type à perdre complètement le contrôle de lui-même. Il fallait vraiment qu'il aille le trouver pour lui demander ce qui s'était produit. D'ici là, ça ne servirait à rien de discuter. On ne peut pas se faire d'opinions tant qu'on ne connaît pas tous les éléments du problème. C'est impossible.

Après les cours, ils prirent la Porsche de Dylan et roulèrent le long du Pacifique. Il faisait super beau et la voiture était vraiment géniale. Mais Brandon perdit un peu de son enthousiasme en se rappelant le but de leur sortie. Il admirait tellement Gil qu'il se sentirait mal tant que son nom n'aurait pas été lavé de tout soupçon.

Ils trouvèrent l'appartement du prof à l'adresse indiquée. Ça faisait partie d'un petit groupe d'immeubles, à côté de l'autoroute qui longeait l'Océan. Brandon sortit de la voiture, mais Dylan ne prit même pas la peine d'éteindre le moteur.

– Regarde ces vagues, c'est dingue ! dit-il.

Brandon comprenait bien ce que ressentait son ami. La plage de Malibu… le monde entier la leur enviait.

– La dernière fois que tu as fait du surf, tu as dû rester enfermé une semaine et aller voir le docteur… Tu te souviens ?

– Ouais, mais c'était exceptionnel. Et je vais te le prouver ! Je vais chercher ma planche et je repasse te prendre dans quelques heures, O.K. ?

Il n'attendit même pas la réponse et fit gronder le moteur de sa Porsche.

Maintenant qu'il était sur place, Brandon hésitait à frapper à la porte. Gil n'était pas vraiment son ami. C'était un prof, rien de plus. Ce qui lui arrivait, ça ne regardait pas Brandon. Il n'avait qu'à s'occuper de ses affaires.

Mais il fallait quand même qu'il lui dise combien il manquait aux élèves. Tout le monde n'était pas contre lui, au lycée. Loin de là.

Il frappa à la porte et attendit dans l'angoisse. Gil eut cependant l'air heureux de le voir et Brandon fut soulagé d'être accueilli aussi chaleureusement. L'appartement était petit et pas très bien rangé. Il y avait des étagères le long de tous les murs, couvertes de livres, du sol au plafond. C'était incroyable ! En plus, il y avait d'autres piles de bouquins partout sur le parquet. À tel point qu'on avait à peine la place de poser ses pieds.

Gil dégota comme par miracle deux cannettes de soda dans son réfrigérateur et ils sortirent les boire sur le balcon, pas plus grand qu'un timbre-poste. Il y avait juste la place pour deux chaises et une table minuscule. Brandon avait l'impression d'être Gulliver chez les Lilliputiens !

Ils regardèrent les vagues de l'Océan s'écraser contre le sable chaud et Walsh lui parla du remplaçant. Gil prit un air compatissant et dit :

– J'espère qu'ils vous trouveront quelqu'un de mieux. Ça va être dur, pourtant. L'année est presque terminée…

– Mais vous allez revenir, pas vrai ? demanda Brandon.

Il avait besoin d'être rassuré.

– Elle va prendre combien de temps, cette enquête ?

Gil secoua la tête et laissa son regard se perdre au loin.

– Je ne suis pas censé parler de toute cette histoire.

– O.K. Alors je poserai les questions et vous vous contenterez de hocher la tête pour dire oui ou non. D'accord ?

Gil rit de bon cœur.

– Vous allez vraiment me manquer, tous !

– Mais vous parlez comme si vous n'alliez jamais revenir ! s'exclama Brandon.

Gil ne répondit pas tout de suite. Il sirotait son soda et examinait l'Océan d'un air avide et désespéré. Comme un naufragé à l'affût d'un bateau. Plus le temps passait, plus Brandon s'énervait. Apparemment, Gil allait lui révéler quelque chose qu'il n'avait absolument pas envie d'entendre…

– Je ne reviendrai jamais, finit-il par dire.

Brandon attendit la suite.

– Il n'y aura pas d'enquête, parce que j'ai donné ma démission. Si je pars sans faire d'esclandre, la mère de l'élève laissera tomber sa plainte et l'affaire sera classée.

– Et pourquoi avez-vous choisi cette solution ?

– À ton avis ?

Gil devait avoir un bon prétexte. Le plus important, ça restait quand même de laver son nom de tout soupçon.

– Mais il faut faire quelque chose ! rétorqua Brandon.

– Je le fais ! Sauf que la meilleure solution n'est pas la plus simple. Comme souvent.

– Pourtant…

– Je t'ai déjà dit que je n'ai pas le droit de parler de ça. Laisse tomber, tu veux bien ? Occupe-toi de ce qui te regarde !

Brandon se leva d'un coup mais se rassit aussitôt. Il n'y avait pas assez de place pour faire les cent pas sur le balcon qui était bien trop petit.

Il se trouvait dans une situation très frustrante et ne savait que penser. Gil avait certainement une bonne raison pour ne pas se défendre. Il voulait probablement rendre service à quelqu'un… Mais on ne pouvait pas non plus complètement écarter l'éventualité de sa culpabilité…

4

Source d'informations

Andréa était assise dans la salle de rédaction. Elle repensait à la réunion qu'elle venait de présider. Elle essayait de garder son calme, mais ce n'était pas évident. Les événements des deux ou trois derniers jours la mettaient hors d'elle. D'ailleurs, elle n'avait jamais pu sentir Gil Meyers. Un arrogant, imbu de lui-même. Il avait refusé qu'elle écrive l'édito du *West Beverly Blaze* toute seule. Il fallait qu'elle travaille avec Brandon. C'était un de ses meilleurs amis, et il avait des qualités journalistiques certaines. Elle ne le niait pas. Mais ça lui faisait mal de partager un privilège et une responsabilité dont elle avait toujours joui toute seule.

Comme tout le monde, Andréa savait de quoi Gil était accusé. À ses yeux, il était coupable. Ce n'était pas difficile d'imaginer qu'un prof qui passe son temps à se faire pote avec ses élèves oublie un jour les limites et commette une erreur irréparable.

Comme Gil Meyers faisait tout en dilettante, il remplissait rarement son rôle de directeur de rédaction du journal. Ce n'était pas très grave, pour Andréa. Sauf que l'université exigeait qu'il exécute correctement sa mission et que, sans lui, certaines procédures de publication devenaient très compliquées.

Pendant la réunion, Brandon avait clairement fait comprendre qu'il croyait à l'innocence de Gil et à son retour prochain. Brandon se croyait libéral, mais, d'après Andréa, il était parfois encore plus réac que le pire militant de droite.

– Comment peux-tu espérer le voir revenir, après ce qu'il a fait ? demanda-t-elle, incrédule.

La question mettait Brandon mal à l'aise, aussi préféra-t-il l'ignorer. Il répondit simplement, pour détourner le sujet :

– Je me demande bien qui est cette *élève de sexe opposé...*

– Qu'est-ce que ça change ?

– Je ne sais pas mais, comme dirait mon père, il faut toujours être sûr de sa source d'informations. Elle peut être polluée...

Ça dégoûtait Andréa d'entendre une chose pareille. Elle aurait bien aimé coincer Brandon dans un coin pour s'expliquer avec lui. Mais les réunions du *West Beverly Blaze* n'étaient pas l'endroit rêvé pour discuter de cette fichue société dominée par les mâles... Alors, elle décida de laisser tomber. Pour le moment en tout cas.

La réunion prit fin et Brandon partit à toute allure. Apparemment, il avait plein de choses à faire.

Andréa descendit les escaliers et elle aperçut Sue Scanlon. Elle était assise au bas des marches et elle écrivait laborieusement quelque chose sur un morceau de papier. En la remarquant, elle froissa sa feuille et la cacha dans sa poche.

Andréa s'assit à côté d'elle, sur les marches froides, mais la jeune fille se contracta. Elle a peur, se dit Andréa. Elle a besoin d'aide.

– Je t'ai vue sortir de la salle de monsieur Meyers en courant l'autre fois, dit-elle tout doucement.

Sue mit toutes ses affaires dans son sac et commença de se lever.

– Et alors ? Tu cherches une histoire pour ton canard, c'est ça ? demanda-t-elle sur un ton menaçant. Parce que, si c'est le cas, tu t'es trompée d'adresse.

– Non, non, je ne suis pas en train d'écrire un article. D'ailleurs, j'imagine que tu préfères garder ta vie privée pour toi. C'est normal.

– Ça t'intéresse ce que je préfère ? Ça m'étonnerait. Parce que, dans ce cas-là, tu serais bien la seule…

Elle partit d'un coup et Andréa dut courir pour la rattraper.

– Écoute, Sue ! Je suis déléguée, tu sais bien. J'ai aussi pour mission de venir en aide à ceux qui en ont besoin…

– Non, merci. J'ai pas envie qu'une gamine comme toi se charge de me psychanalyser.

– Mais, ce n'est pas de la psychanalyse ! Je voudrais juste que tu aies quelqu'un à qui parler, qui pourrait juger ce que tu ressens.

Sue s'arrêta net et foudroya Andréa du regard :

– Et tu es qui, toi, pour juger ce que je ressens ?

– Moi aussi, j'ai eu une mauvaise expérience avec un prof, un jour. Je sais ce que c'est.

Elle avait suivi des cours de théâtre, un été, et s'était sentie dangereusement attirée par monsieur Suiter. Mais il l'utilisait, comme un objet. Il était fiancé à quelqu'un d'autre et allait se marier en automne. Qu'est-ce qu'elle avait pu être naïve à l'époque ! Rien que d'y repenser, ça la dégoûtait !

En entendant Andréa, Sue perdit toute son agressivité.

– Qu'est-ce qui s'est passé, exactement ? demanda-t-elle.

– Avant que je te le raconte, on doit se mettre d'accord sur un point. Je ne veux pas que tout le monde soit au courant de mes petites histoires. Il n'y a que toi qui doives savoir.

– Je te promets que je ne dirai rien à personne, répliqua Sue d'un air solennel.

– Moi aussi, je te promets que tout ce que tu me diras restera secret, fit Andréa.

Il n'y avait plus personne dans le hall. Sauf les deux jeunes filles, qui se souriaient. Sue avait accepté l'aide que lui proposait Andréa : elle devait drôlement avoir besoin d'une amie. Et Andréa aussi, d'ailleurs...

Andréa se dit qu'elle aimerait bien en savoir plus sur Sue. Elle la connaissait comme tout le monde, mais elle voulait aussi découvrir ce qu'elle essayait de cacher.

Elle alla donc trouver Brenda. Au début, Brenda crut qu'Andréa était venue pour Brandon. Mais elle lui dit qu'elle n'avait vraiment pas envie de lui parler. Brenda sauta sur l'occasion pour vider son sac. Apparemment, Dylan était retourné faire du surf et il était de nouveau tombé très malade. Cette fois-ci, il avait attrapé un microbe tellement virulant que sa grippe intestinale n'était qu'une vague entrée en matière.

Andréa compatit mais elle eut du mal à en placer une :

– Dis-moi, il me semble que tu connais bien Sue Scanlon, non ? Qu'est-ce qui lui est arrivé, à cette fille.

– Ça a un rapport avec Gil Meyers ?

Andréa fut très surprise. Brenda avait deviné juste.

– Qu'est-ce qui te fait dire ça ?

– Ben, on ne parle plus que de ça, au lycée. Ce genre d'histoire, ça ne reste pas secret longtemps...

Andréa acquiesça. Les ragots se répandaient comme de la poudre et, après, on les prenait comme argent comptant.

– Oui, disons que ça a un rapport, admit-elle. Alors, qu'est-ce qui s'est passé ?

– Selon Donna, et c'est David qui lui a raconté, le clan des Scanlon ne s'est jamais vraiment bien remis de la mort de Scott. Le père de Sue a été très choqué, émotionnellement, et sa mère fait encore parfois des crises…

Andréa s'attendait à quelque chose de ce style, elle n'était pas du tout étonnée.

Elles entendirent tout à coup quelqu'un monter l'escalier quatre à quatre et virent apparaître Brandon dans l'encadrement de la porte. Apparemment, il était impatient de dire quelque chose à sa sœur. Il remarqua la présence d'Andréa, mais ça ne l'arrêta pas. Il déclama solennellement que Gil Meyers avait été accusé par Sue Scanlon. Mais comme les deux jeunes filles restaient impassibles, il ajouta :

– C'est bizarre, j'ai l'impression que vous étiez déjà au courant…

– C'que tu peux être mauvaise langue ! fit Andréa.

– Pourquoi ? Si la mère de Sue a laissé partir Gil sans faire de problèmes, c'est que sa fille lui avait raconté des bobards et qu'elle le savait. D'ailleurs, maintenant qu'on connaît le nom de la prétendue victime, ça prend tout son sens.

Brandon avait l'air content de lui. C'est dégueulasse, se dit Andréa. Les hommes et les femmes sont tellement différents qu'on dirait qu'ils sont élevés sur des planètes différentes. Ça ne ferait d'ailleurs pas beaucoup de différence, côté compréhension…

– Attends une minute ! Qu'est-ce qui te fait dire que Sue a menti ? Il me semble pourtant que ton super pote Gil n'a pas nié ses accusations, si ?

– Mais on ne lui en a même pas laissé l'occasion, répondit Brandon, sûr de lui. À cause de ce marché qu'ils ont conclu.

Andréa secoua la tête.

– Tu fais bien comme la société t'a appris, Brandon. Tu dis que c'est la faute de la femme, de la victime… C'est pas Sue qu'il faut juger dans cette histoire ! C'est quand même elle qui a été blessée, non ?

– Sauf que Gil Meyers lui sert peut-être de cible pour vider son humeur psychotique. À mon avis, c'est *lui* la victime.

– Mais, si c'était le cas, tu crois pas qu'il attaquerait les Scanlon pour diffamation et essaierait de laver son nom de tout soupçon ?

– Il ne peut pas. Madame Scanlon lui met la pression, elle le menace.

– Oui, ou alors il est coupable…

– Oh, arrêtez de vous engueuler, à la fin ! cria tout à coup Brenda.

Andréa réalisa que, depuis un petit moment, ils ne discutaient plus, ils hurlaient littéralement. Elle n'aimait pas se mettre en colère, même quand elle avait raison. Ce n'était pas en criant le plus fort qu'on arrivait à imposer ses idées. C'était en utilisant son intelligence et sa logique.

– Toi, tu crois Meyers pour la simple et bonne raison que c'est un mec, comme toi.

– Ouais, peut-être. Et au fond, je suis sûrement très content qu'on ait tant de choses en commun tous les deux… Parce que j'ai du mal à voir la ressemblance, entre toi et Sue…

– Eh ben, t'es complètement aveugle, alors. Allez, salut Brenda !

Andréa bouscula Brandon pour sortir de la pièce et dévala les escaliers.

– Eh ! Attends ! appela Brenda.

Brandon se retrouva seul dans la pièce. Il se demanda ce qu'il avait dit de travers. Quand il était arrivé, il était tout content : Gil était innocent et sa prétendue victime était tarée... Brandon était contre le viol, bien sûr. Comme tout le monde. Mais s'il n'y avait pas eu viol, on pouvait se poser des questions, et notamment : Pourquoi faisait-on ce coup-là à Gil ? Apparemment, ça ne faisait ni chaud ni froid à Andréa. Elle refusait même d'aborder le sujet.

Mais il fallait quand même que quelqu'un se comporte en adulte ! Andréa était son amie depuis de longues années. Ça serait dommage de tout gâcher pour une différence de point de vue. Ils n'allaient quand même pas devenir ennemis pour ça ! Brandon comprenait bien ce qu'elle ressentait, mais il n'était pas d'accord.

Il se mit à leur poursuite.

Il retrouva Brenda devant la porte d'entrée.

– Alors ? demanda-t-il.

Brenda lui fit face et lui dit sur un ton sec :

– Peut-être qu'Andréa acceptera tes excuses, mais je n'en suis pas sûre...

– Tu crois qu'elle a raison, à propos de Gil ?

– Je ne sais pas, Brandon. C'est vrai que Sue est un peu... Comment dire ? Qu'elle a des problèmes, quoi ! Mais je ne vois pas pourquoi elle voudrait faire du mal à Meyers sans raison.

– Mais son *problème*, comme tu dis, est peut-être assez grave pour qu'elle croie avoir une raison suffisante...

La sonnette retentit et Brandon se sentit soulagé.

– C'est sûrement Andréa qui vient s'excuser, dit-il.

Brenda ouvrit la porte.

– Tiens, salut David ! Qu'est-ce qui t'amène ? demanda-t-elle.

Silver regarda son ami dans les yeux.

– C'est une histoire entre hommes, répondit-il.

Brandon était horrifié de voir David. Il avait complètement oublié qu'ils s'étaient donné rendez-vous. Il pourrait peut-être essayer d'annuler la leçon de danse, s'il s'y prenait bien.

– David ! On ne peut pas faire cette réunion, dit-il. J'ai été très occupé au lycée. T'imagine, au journal, avec Meyers et tout ce qu'on raconte sur lui... Enfin, tu vois bien... Aujourd'hui, c'est pas le bon jour... Mais pourquoi tu rigoles, toi ?

Brenda n'avait pas pu se retenir.

– Mais, Brandon, c'est demain soir qu'on va au Kingston Twelve ! lui rappela David.

Ça y est ! Il ne manquait plus qu'il vende la mèche maintenant ! Brenda irait certainement raconter à tout ses potes qu'il prenait des cours de danse pour aller en discothèque. Et à la vitesse où se répandaient les nouvelles, ça ferait bientôt la une de tous les journaux télévisés de vingt heures !

– Comment voulez-vous que j'aille en boîte pour m'amuser alors que le lycée est sens dessus dessous ? C'est une crise sans précédent, David. Il faut le reconnaître. Plutôt que de danser, on ferait mieux d'organiser des barricades, des marches de protestations, des sit-in, des assemblées générales !

Brenda et David le regardèrent avec étonnement et Brandon se sentit tout bête. Il s'était peut-être un peu emporté en voulant éviter la leçon...

– Bon, d'accord. Mais tu ne viendras pas m'accuser de n'avoir rien fait pour t'aider ! dit David, avant de sortir.

Quand ils furent seuls, Brandon regarda sa sœur d'un air menaçant.

– David n'est jamais venu ici, ce soir. Est-ce que je me fais bien comprendre ?

– Ouais. À condition que tu nous accompagnes au Kingston Twelve, demain.

– Eh ! Mais...

– Y a pas de *mais* ! Depuis des années, tu nous rabâches que t'es boiteux de naissance, que t'arriveras jamais à danser comme tout le monde, qu'on ne veut pas te comprendre, etc., etc. Mais y en a marre de tes salades ! Rends-toi compte que t'as une super copine, sexy et sympa, qui n'attend qu'une chose. Elle veut sortir en boîte avec toi. Et tu ferais mieux de le faire, parce que, sinon, elle trouvera certainement quelqu'un d'autre pour l'accompagner. Je te préviens ! Est-ce que je me fais bien comprendre ?

Brandon était pris au piège. Il hocha la tête et remonta précipitamment dans sa chambre. Il s'en tirerait peut-être, demain, en ressortant les quelques pas qu'il avait appris pendant ses cours de boxe américaine…

C'était samedi, mais Andréa décida quand même d'aller au lycée. Comme monsieur Meyers était parti, elle avait beaucoup de travail en plus, pour le *W.B.B.* Elle fut cependant surprise de voir qu'il y avait de la lumière dans la salle de rédaction du journal. Et encore plus de constater que Gil était là ! Il était en train de remplir un grand carton avec toutes les affaires qu'il avait laissées à l'école.

Leurs regards se croisèrent. On aurait dit deux prédateurs qui se retrouvent face à face. Qui se demandent tous les deux s'ils doivent attaquer ou s'il vaut mieux retourner sagement dans la forêt…

Mais Andréa bouillonnait. Elle ne parvint pas à se retenir plus longtemps :

– Je sais ce qui s'est produit et qui est la victime, dit-elle. Ça me dégoûte que vous ayez pu abuser d'elle comme ça…

Meyers regarda Andréa droit dans les yeux, d'un air triste. Et, pour la première fois, elle se dit qu'elle avait peut-être tort à son sujet…

– Tu parles ! répondit-il tout à coup. Je n'ai pas abusé d'elle. Je n'ai même pas essayé. Tout ce que je voulais, c'était l'aider…

Andréa prenait bien soin de rester près de la porte. Un homme aussi désespéré que lui était sûrement capable de tout, il fallait faire attention.

– Mon œil ! répondit-elle. Les gens n'inventent pas des histoires comme ça. Surtout quand c'est quelque chose d'aussi grave…

Meyers s'accrocha à son carton.

Peut-être que Brandon avait raison, après tout. Andréa basait son accusation sur ce que lui avait raconté Sue Scanlon… qui n'était pas vraiment un modèle d'équilibre au lycée. Tout le monde le savait.

– Vous n'essayez même pas de vous défendre, continua-t-elle cependant. Vous fuyez comme un voleur…

Meyers eut tout à coup l'air très fatigué.

– Andréa, si je pars, c'est parce que je crois que Sue ne supporterait pas qu'une équipe d'enquêteurs, d'étrangers, fouillent sa vie privée dans le détail. Pas en ce moment, en tout cas.

Andréa applaudit. Trois petits coups secs.

– Quelle bonté de cœur ! Quelle noblesse de caractère ! Vous préférez cracher sur votre carrière entière pour protéger une jeune fille ! J'ai du mal à le croire !

– Oui, mais si j'accepte leurs conditions, j'ai peut-être encore une chance de sauver ma peau. Et je n'aurai qu'un seul suicide sur la conscience. Ça suffit déjà amplement.

Andréa fut choquée par cette réponse. Apparemment, il lui faisait lui aussi un procès d'intention.

– Qu'est-ce que vous voulez dire par là ? demanda-t-elle.

Monsieur Meyers eut un flash-back.

– La première année que j'ai enseigné, expliqua-t-il, j'avais une élève qui avait des soucis. C'était pourtant une fille très brillante, et très belle aussi. Quelqu'un d'étonnant ! Enfin... elle est tombée amoureuse de moi, et j'ai fait ce que j'étais censé faire dans ce genre de situation. Je l'ai repoussée. J'ai été très ferme. Et elle s'est tuée.

L'ex-prof raconta cela sans hésiter, et sans aucune émotion. Mais l'histoire parlait d'elle-même. Elle émut Andréa. Ça faisait des années qu'elle travaillait bénévolement pour *S.O.S. Amitié,* et elle aurait dû se rappeler que tout individu porte toujours en lui un secret inavouable...

– Elle s'est suicidée à cause de vous ?

– Oui. C'est surprenant, n'est-ce pas ? Et pourtant, c'est ce qu'elle a expliqué dans sa lettre d'adieu...

Andréa ne sut quoi répondre. Apparemment, Meyers avait réussi à se sortir d'affaire sans trop de dommage. Il avait la conscience tranquille. Mais ça avait vraiment dû lui faire mal, ces insinuations de la part d'une de ses élèves...

– Maintenant, Andréa, tu comprends pourquoi je n'ai pas l'intention de réfuter ce qu'a dit Sue Scanlon. Je ne vais pas l'accuser publiquement d'être une menteuse. Tout ce qui compte, pour moi, c'est de ne pas lui faire de mal.

Il souleva sa boîte en carton et marcha vers la porte.

– Et Sue, alors, dans toute cette affaire ? Qu'est-ce que vous en faites ?

Il se retourna et la regarda avec attention.

– Si elle a besoin d'aide, je suis le dernier à qui il faut s'adresser, Andréa. Si ça te dit, tu n'as qu'à t'en occuper. Je t'en serais reconnaissant.

Il sortit et Andréa se demanda si elle était vraiment capable d'aider Sue...

5

Dansons, maintenant !

Brandon, avec son sens de l'abnégation, prit la résolution d'aller chercher Nikki. D'habitude, elle portait des jeans, des chemisiers tout simples et une longue veste. Le look Annie Hall, quoi. Mais, ce soir, elle avait mis une robe super moulante, violette. On ne voyait plus que ses jambes. Elle avait laissé ses longs cheveux bouclés tomber en cascade sur son visage. Elle était super craquante. Au lieu d'aller au Kingston Twelve, ils feraient mieux de se trouver un coin pour eux deux, tranquille... Nikki rit. Quand elle monta en voiture, elle embrassa Brandon et alluma la radio.

– Écoute. Elle est géniale, cette chanson !

Elle ne pouvait pas rester en place. Elle essayait tant bien que mal de danser dans cet espace confiné, les fesses bien calées sur le siège...

– Tu vas super bien t'amuser, dit-elle. Tu vas voir !

Brandon grommela quelque chose et secoua la tête. Elle ne pouvait pas s'imaginer à quel point il était mauvais. Et son anxiété augmentait au fur et à mesure qu'ils approchaient du club. Century City n'avait jamais semblé aussi proche.

Century City, un quartier plein de magasins de mode, de théâtres et de bureaux. Il avait été construit sur l'emplacement des anciens studios de la Twentieth Century Fox. Et parmi les nouveaux arrivants, il y avait aussi le Kingston Twelve. Personnellement, Brandon aurait préféré qu'on garde les studios de cinéma...

Ils retrouvèrent Steve, Kelly, Donna et David dans le parking. Steve était sur son trente et un, comme toujours. Et David avait dû suivre les conseils de Donna : il n'était pas aussi maladroitement fagoté que d'habitude. Les filles avaient sorti leur robes les plus sexy, elles étaient vraiment toutes superbes.

Le Kingston Twelve était une boîte réservée aux ados. Ça voulait dire qu'on n'y servait pas d'alcool et qu'on ne refusait jamais l'entrée aux jeunes. Il fallait juste avoir de quoi payer...

– Mais tu nous avais promis qu'on rentrerait gratuitement, dit Brandon, en regardant Steve de travers. Tu prétendais que tu avais des *relations*...

Il faudrait non seulement qu'il danse, mais en plus on allait le faire payer pour ça ! Tu parles d'un privilège !

– Ce n'est pas ma faute si Charlie ne travaille pas ce soir ! s'exclama Steve, en guise d'excuse...

– Allez ! Ça suffit, tous les deux ! On est venus ici pour danser ou pour se plaindre de Steve ?

Brandon connaissait la réponse, *sa* réponse, en tout cas. Mais il préféra la garder pour lui.

Vu de l'intérieur, le Kingston Twelve ressemblait à une espèce de grotte remplie de sons plus ou moins mélodieux. Il y avait des stroboscopes partout, qui flashaient au rythme de la musique. Elle était tellement puissante qu'on la sentait autant qu'on l'entendait. C'était dément.

Nikki était déjà sur la piste de danse. Apparemment, les autres avaient aussi du mal à se retenir. Si Brandon ne trouvait pas rapidement une idée, il faudrait qu'il se joigne à eux...

Il se souvint de ce que Brenda lui avait dit : s'il ne l'accompagnait pas, Nikki chercherait certainement d'autres partenaires. Elle devait avoir raison. Une fille qui aime tellement danser, rien ne peut l'arrêter. Il *devrait* danser avec elle. D'ailleurs, il en avait vraiment envie. Mais il ne pouvait pas. Il était trop gêné.

– Alors, qu'est-ce que vous voulez boire ? demanda-t-il à la ronde.

Donna, toujours prête dès qu'il s'agissait d'avaler quelque chose, dit qu'elle prendrait un soda. Mais personne d'autre ne répondit : ils ne laisseraient pas Brandon s'en sortir aussi facilement.

– La boisson, faut la mériter, Walsh, fit David. Viens donc un peu transpirer avec nous. Après, tu pourras aller au bar !

Un mec avec un look de sauveteur en mer s'approcha de Nikki et lui demanda s'il pouvait être son cavalier.

– Ouais, j'aimerais bien, répondit-elle, tout excitée.

Mais elle jeta un coup d'œil à Brandon, qui avait gardé les mains dans les poches, et répondit :

– Je ne peux pas. Je suis déjà avec quelqu'un.

Brandon sauta sur l'occasion :

– Non, non. Ne t'inquiète pas pour moi ! Je peux bien rester assis deux minutes, le temps du morceau...

– C'est vrai ? demanda Nikki.

– Bien sûr ! la rassura Brandon.

– Merci, mec, fit le sauveteur en mer.

Il entraîna Nikki et ils se mirent à bouger comme les autres couples. Brandon se dit que ça avait l'air dangereux, ce genre de sport. De quoi se bousiller le dos à vie !

Il dut débourser cinq dollars pour un Coca et alla voir comment Nikki s'en sortait. Elle avait déjà dansé avec des types de toutes les formes, de toutes les couleurs et de toutes les tailles. Elle avait même dansé avec un couple d'hommes, plus affreux l'un que l'autre. Et ils n'étaient pas tous bons danseurs. Il y en avait même qui semblaient faits du même bois que Brandon. Mais ça n'avait pas l'air de trop déranger Nikki. Du moment que le type dansait en face d'elle...

C'était Brandon qui lui avait suggéré de danser avec d'autres gens. Mais plus la soirée avançait, plus il devenait jaloux. Nikki était super, et les gars qui l'accompagnaient avaient l'air de beaucoup l'apprécier. Brandon essayait de garder le sourire, mais au fond de lui il était en ébullition.

Une ou deux fois, il se leva presque pour aller danser avec elle, mais chaque fois quelque chose clochait. La musique était trop rapide, ou trop lente. La piste de danse était particulièrement bondée, tout à coup. Ou il avait subitement envie d'aller aux toilettes... Pas de chance !

Son manque de volonté le rendait furieux, autant que de voir Nikki avec tous ces garçons.

Tout à coup, Brandon remarqua qu'elle était avec Steve. Mais ils ne dansaient pas. On avait plutôt l'impression qu'ils faisaient l'amour au rythme de la musique. Comme ça, devant tout le monde... Nikki se frottait contre Steve, elle se laissait envelopper par lui... Et il souriait, comme un maniaque sexuel !

Brandon examina la scène un instant : ça devenait un peu trop pour lui. Il alla sur la piste de danse et les sépara.

– Bon, ça suffit maintenant ! cria-t-il, pour se faire entendre, malgré la musique.

– Quoi ? Mais on venait à peine de commencer ! s'exclama Nikki.

Elle posa sa tête sur la poitrine de Steve et remua les hanches.

– Nikki, s'il te plaît, arrête ! Tout le monde te regarde !

Nikki s'écarta de Steve et fit face à Brandon. Elle avait l'air très en colère :

– Ah bon ? Et ça te dérange que je m'amuse, hein, c'est ça ?

– Non. Ça ne me dérange pas. Mais je n'aime pas te voir courir après tout ce qui se balade en pantalon !

Il saisit son bras et la retint fermement.

– Allez ! Du calme, Brandon, fit Steve.

– Ouais, bonne idée… Moi, je me calme et toi, tu la ramènes à la maison, c'est ça ?

Il partit d'un coup en se disant que c'était lui le plus débile. S'il avait eu assez de cran, il se serait retourné pour aller s'excuser. Parce que sortir seul du Kingston Twelve, alors qu'il y était venu en couple, ça ne faisait vraiment pas bonne impression ! C'était même d'un ridicule !

Dimanche, Brandon attendit toute la journée que le téléphone sonne. Mais il restait obstinément muet. Et Brandon ne se résignait pas à appeler. Il ferait semblant de la rencontrer par hasard, lundi, au lycée. Et puis il s'excuserait, sans en faire toute une histoire !

Le lundi, Nikki et Brandon se retrouvaient souvent à la cafétéria pour boire quelque chose, et manger un gâteau ensemble. Mais cette fois-ci, personne ne vint. Elle l'évitait. Ça lui cassait encore plus le moral.

Steve le croisa : il se rendait à son premier cours.

– Alors, tu t'es réconcilié, avec Nikki ? demanda-t-il.

Il avait l'air vraiment inquiet. C'était sympa de sa part. Mais, d'après Brandon, Steve devait se sentir un peu coupable.

– J'imagine que c'était ton idée de vouloir jouer à *Dirty Dancing* avec elle...

– Ouais, on voulait juste te provoquer pour que tu te bouges un peu...

Brandon ne savait pas s'il devait être en colère ou non, mais il décida de ne pas laisser tomber l'affaire aussi facilement.

– Et bientôt tu vas me passer aux électrochocs, c'est ça ?

Steve haussa les épaules.

– Écoute, Brandon. Je voulais juste te donner un coup de main. Si tu n'apprécies pas, tant pis. Préviens-moi, quand tu casses avec Nikki. Je pourrais la récupérer... pour une fois...

Il partit en secouant la tête.

En fait, Brandon se rendit compte que Nikki avait espionné leur conversation. Elle n'avait pas l'air très avenante, mais il se força quand même à aller la retrouver. Elle ne s'enfuit pas, c'était déjà encourageant. Il aurait quand même dû l'appeler, dimanche...

– Si t'es encore prête à m'écouter... je suis venu te dire que j'étais désolé...

Nikki croisa les bras sur sa poitrine.

– Désolé pour quoi ? Parce que tu n'as pas daigné danser avec moi ? Parce que tu m'as insultée ou parce que tu es parti en me laissant toute seule ?

Brandon n'avait pas encore fait la somme de tous ses péchés, mais apparemment Nikki s'en était bien chargée.

– Les trois, répondit-il d'un air triste. J'ai été complètement débile, je le reconnais.

– Écoute, Brandon. Je crois que dans une relation il y a des choses qu'on peut accepter, et d'autres, non. Je ne demande pas que le mec avec qui je sors s'appelle Gene Kelly. Mais j'aimerais quand même qu'il passe un peu de temps avec moi sur les pistes de danse…

Elle essayait de garder son calme. Brandon aussi. Peut-être fallait-il lui réexpliquer son problème, pour la trois centième fois :

– Mais je n'ai aucun sens du rythme, tu le sais bien.

– Si t'as un cœur, t'as forcément le sens du rythme, lui expliqua Nikki.

Elle réfléchit un instant et ajouta :

– Bon, d'accord. On va faire un test, alors. Voilà ce que je te propose : une leçon privée, tous les deux. Où tu veux et quand tu veux. Avec ta musique préférée, et ton prof préféré : moi ! s'exclama-t-elle en se désignant du doigt. Tu me montres ce dont tu es capable. Si tu n'y arrives vraiment pas, je te promets, je te ficherai la paix.

– Je ne veux pas que tu me fiches la paix ! Au contraire ! s'exclama Brandon. Je veux juste que tu comprennes que j'ai horreur de danser.

Mais elle refusa de se laisser prendre par ses arguments.

– Alors, qu'est-ce que tu en dis ?

– Bon, d'accord, marché conclu. Mais c'est pas très équitable !

Brandon désirait vraiment apprendre à danser, ne serait-ce que pour Nikki. Mais plus il repensait au marché qu'ils venaient de conclure, plus il était mal à l'aise. Ce soir, les parents allaient à un dîner d'affaires, et Brenda devait se rendre à son club de français – depuis son voyage à Paris, elle était devenue la reine de ces réunions ! Nikki savait très bien tout ça, c'est pourquoi elle lui avait proposé ce marché. Il était pris au piège.

Quand elle frappa à la porte, ce soir-là, Brandon était sur le point de devenir cinglé pour de bon. Il ne savait pas danser et ne le saurait jamais. Pourquoi les gens s'obstinaient-ils à le persécuter avec ça ?

Nikki l'entraîna dans sa chambre et introduisit une cassette dans la platine. La musique se mit à jouer et la jeune fille trouva tout de suite le rythme du morceau. Brandon la regarda d'un air désespéré.

– Allez, Brandon. Mets ton moteur en route !

Il se contenta de lui sourire. Il admirait sa façon de danser. Qu'elle était sexy !

Mais, tout d'un coup, elle prit un air exaspéré.

– Tu peux faire mieux, Brandon ! Il faudrait d'ailleurs commencer par faire quelque chose !

– Je crois que cette musique ne me convient pas...

Une autre chanson suivit. Beaucoup plus lente. Avec ça, il pourrait peut-être s'en sortir.

– Ah ! Ça, c'est mieux !

Il prit Nikki dans ses bras et la fit tant bien que mal virevolter. Ce n'était pas danser, au sens propre du terme, mais au moins il bougeait au son de la musique.

– Quels progrès ! s'exclama Nikki en riant.

Il les fit s'approcher du lit et poussa doucement la jeune fille. Il s'étendit sur elle et l'embrassa tendrement sur les lèvres.

– Tu vois, murmura-t-il entre chaque baiser, ça, c'est la seule danse que je connaisse. Ça s'appelle le mambo du Minnesota.

– Ah bon ? C'est quoi ? Tu veux bien me l'apprendre ?

– Oui, avec plaisir ! répondit Brandon.

Au bout d'un moment, la cassette s'arrêta. Mais ni l'un ni l'autre ne s'en rendirent compte.

Dylan alla s'inscrire sur les listes électorales. Ça lui faisait du bien de quitter un peu la maison. En revanche, il ne se sentait pas encore la force de manger quoi que ce soit. Pire, il avait peur d'être encore contagieux et il n'osait plus embrasser Brenda. Il ne voulait pas que ceux qu'il aime subissent le même sort que lui. C'était trop pénible.

Brenda l'accompagnait. C'était important de s'inscrire, pour Dylan. Pas seulement parce qu'il venait d'avoir dix-huit ans et qu'il allait remplir pour la première fois de sa vie un devoir officiel d'adulte, mais aussi parce qu'il s'intéressait au *Projet de Sauvegarde des Eaux de la Côte.*

– Qu'est-ce que c'est ? demanda Brenda.

– C'est les gens du Club de la Baie qui m'en ont parlé les premiers. Si ça passe, je pourrai aller surfer sans avoir à passer deux semaines enfermé dans les toilettes, en rentrant.

– Tu peux voter pour ça ? C'est super !

– Ouais. J'ai vraiment de la veine.

Il y avait pourtant un problème. Pour voter, il fallait s'être inscrit au moins trente jours avant les élections. Et Dylan avait déjà plusieurs semaines de retard…

– Mince, s'exclama-t-il. Quel idiot !

Brenda était également en colère. Il lui fit cependant remarquer que cette règle des trente jours n'était un secret pour personne. Du reste, le gouvernement la mentionnait toujours dans toutes ses brochures concernant le vote. Il aurait dû être plus attentif.

– Ce sera pour la prochaine fois, alors, fit Brenda en lui prenant la main.

– Ouais !

Dylan pensait déjà à ce qu'il allait faire avec elle, pour se consoler de ne pas voter !

6

Nid de vipères

Andréa voulait aider Sue Scanlon, mais ça ne lui disait rien d'aller dîner chez elle. Un nid de vipères… ce n'était pas ce qu'il y avait de plus recommandé pour la digestion. Et les mauvaises ondes qui se dégageaient de la maison allaient probablement lui empoisonner la vie pendant plusieurs jours. C'était pourtant elle qui avait insisté pour aider Sue, il fallait qu'elle assume ses responsabilités maintenant. Elle était très tendue en arrivant chez les Scanlon, mais elle se détendrait probablement dans le cours de la soirée.

Apparemment, les réjouissances avaient déjà commencé sans elle. Quand Sue ouvrit la porte d'entrée, elle avait l'air très en colère. Elle essaya même de renvoyer Andréa, mais sa mère apparut à ce moment-là, et l'accueillit avec un grand sourire. La jeune invitée ne comprenait pas bien ce qui se passait, et la situation ne s'éclaircit pas vraiment au cours de la soirée.

Madame Scanlon présenta son frère : Ernest. Un homme grand et fort, avec un accent du Texas. Il était habillé comme un cow-boy. Il buvait de temps en temps au goulot d'une bouteille de bière qui restait toujours dans sa main gauche. Mais on avait l'impression qu'il n'était jamais saoul.

Il avait l'air assez sympa et Andréa l'aimait bien, même si ça mettait Sue mal à l'aise.

– On connaissait des Zuckerman dans l'Oklahoma, dit oncle Ernest. Des gens de votre famille ?

– Non, ça m'étonnerait, répondit Andréa. Ma grand-mère m'en aurait parlé...

Elle sourit en repensant à la vieille femme.

– Sue est allée là-bas les cinq derniers étés, confia madame Scanlon.

Puis elle se retourna vers son frère et dit :

– Sais-tu qu'Andréa est la rédactrice en chef du journal du lycée ?

– Ah bon ? répondit l'oncle, apparemment très impressionné.

– Sue pourrait peut-être rédiger un ou deux articles pour vous, proposa madame Scanlon. Elle écrit très bien quand elle veut. D'ailleurs, elle obtient souvent des notes excellentes en composition.

– C'est une très bonne idée ! répliqua Andréa. Si elle en a envie, elle est la bienvenue !

Ce jeu de questions-réponses n'était pas désagréable en soi. Mais il devenait de plus en plus rapide et précis. Ça lui donnait presque le vertige. Sue n'avait pas l'air très à l'aise non plus : elle n'arrêtait pas de se tortiller les mains. En plus, sa mère et son oncle parlaient sans cesse d'elle comme si elle était absente. Pas très sympa de leur part !

– Moi aussi, j'écrivais pour le journal de l'école, fit remarquer Ernest.

– Vraiment ? s'exclama Andréa.

– Oui. Mais le problème, c'est que, quand je n'avais rien à raconter, j'inventais des histoires, des fausses informations.

Andréa ne savait pas comment réagir. Un journaliste, pour elle, c'était sacré. On devait pouvoir lui faire une entière confiance. Et inventer des histoires était le péché le plus impardonnable qui soit...

Mais tout à coup oncle Ernest éclata de rire : c'était une plaisanterie. Andréa rit à son tour de bon cœur : elle s'était bien laissé avoir ! Madame Scanlon se contenta de sourire, tandis que Sue avait l'air de plus en plus inquiète.

Au moment de dîner, les frères et sœurs de la lycéenne débarquèrent. Ils semblaient tous à peu près normaux.

Le repas était correct, sans plus. Andréa était cependant un peu nerveuse. Elle n'arrêtait pas de saler la viande, ce qu'elle ne faisait jamais, d'habitude. Madame Scanlon entretenait la conversation, sans jamais laisser un temps mort. Ça ressemblait d'ailleurs plus à un interrogatoire qu'à une discussion amicale, et Andréa avait toujours l'impression de devoir rester sur la défensive. Ernest parlait peu, sauf pour commenter ce que venait de dire sa sœur ou faire ses mauvaises plaisanteries. Il était quand même assez attachant, cet homme...

En guise de dessert, ils ne reçurent qu'une seule boule de glace à la vanille...

En se rendant à ce dîner, Andréa avait espéré comprendre pourquoi Sue avait tant de problèmes. Mais elle avait peu appris, en fait. Apparemment, madame Scanlon essayait constamment de se maîtriser, mais elle n'avait pas l'air aussi terrible que ça. Son mari était parti en voyage d'affaires, il restait donc mystérieux aux yeux d'Andréa. Ernest était assez sympa et les enfants se comportaient comme les gamins de leur âge... Rien d'étonnant à tout cela. Sauf qu'ils étaient peut-être un peu plus polis que les autres. Ça ne voulait pourtant pas dire que leur mère les battait...

Bref, ce n'était pas en un dîner qu'Andréa comprendrait pourquoi Sue était toujours sur les nerfs...

Quand ils eurent fini de manger, les plus jeunes débarrassèrent les assiettes et allèrent sagement faire la vaisselle dans la cuisine. Madame Scanlon choisit ce moment pour proposer à son invitée de regarder des vidéos. Scott en train de faire du cheval, dans le ranch de l'oncle Ernest... Tout un programme !

– Maman ! Je crois que ça n'intéresse pas Andréa ! s'exclama Sue.

– C'est que... commença-t-elle.

Elle ne voulait pas se mêler de ce qui ne la regardait pas.

– Et moi non plus, d'ailleurs ! poursuivit Sue, toujours très en colère. Scott est mort !

Madame Scanlon parla comme si sa fille était un être inanimé :

– Andréa, je vous en prie, excusez-la. Elle n'est plus dans son état normal depuis cette sale affaire avec cet affreux professeur d'anglais...

– Mais pourquoi n'arrêtes-tu pas de ramener ça sur le tapis ? demanda Sue, exaspérée.

Andréa s'inquiétait : sa camarade était au bord de la crise d'hystérie. Ce n'était pas comme ça qu'elle avait envisagé sa soirée chez les Scanlon. Et si elle avait pu, elle aurait essayé de mettre fin à cette prise de bec.

Mais oncle Ernest sauta dans le plat à pieds joints.

– C'est pourtant toi qui en as parlé la première, Sue, non ?

Ernest avait parlé très calmement, pas sur un ton menaçant. Pourtant tout le monde regarda Sue d'un air accusateur. Les mots qu'il avait prononcés avaient réduit la jeune fille au silence. Elle gardait les yeux fixés sur la table.

Andréa se demanda s'ils avaient déjà parlé de l'agression au cours de la soirée, mais elle n'en avait pas l'impression. Alors, pourquoi Ernest prétendait-il le contraire ? Quel intérêt avait-il à faire cela ?

– Oui, c'est moi qui ai abordé le sujet la première, dit tout à coup Sue, en relevant la tête.

– Si tu as commencé, tu ferais mieux de finir, tu ne crois pas ?

– Ernest, je t'en prie, fit madame Scanlon.

Quelque chose devait vraiment clocher si madame Scanlon elle-même essayait de dissuader son frère... Andréa avait l'impression de voir un accident de voiture se dérouler sous ses yeux, au ralenti. Pour bien apprécier tous les détails.

Mais Ernest récidiva. Comme s'il avait le droit d'exhiber les pires cauchemars de sa nièce devant tout le monde...

– Je suis désolé, fit-il. Mais je n'ai pas encore bien compris le fin mot de cette *sale affaire*. Je veux savoir exactement ce qui s'est passé. Qu'est-ce qu'il a fait, cet homme ? Et qu'est-ce qu'elle a fait, elle, pour le provoquer à ce point-là ?

L'accusation était tellement injuste qu'Andréa ne put s'empêcher d'intervenir.

– Mais de quoi parlez-vous, à la fin ? demanda-t-elle. Sue n'a rien fait !

– Est-ce la vérité, Sue ? Tu n'as vraiment rien fait ?

Sue poussa un long soupir. Elle releva de nouveau la tête et regarda son oncle droit dans les yeux.

– Non, ce n'est pas exactement la vérité. C'est moi qui ai tenté de le séduire.

Ernest sourit en s'appuyant contre le dossier de la chaise. Il n'avait pas du tout l'air surpris par la réponse de la jeune fille.

– Sue ! s'exclama madame Scanlon.

Elle avait l'air horrifiée.

– C'est vrai ! hurla Sue. J'ai essayé de l'embrasser, mais il m'a repoussée. Tout est ma faute ! C'est moi !

Elle sortit de la pièce en courant et en pleurant. Sa mère et son invitée ne savaient plus quoi faire, tandis qu'Ernest buvait encore une gorgée de bière.

Andréa n'avait jamais été renvoyée d'un endroit aussi rapidement. Elle n'eut pas le temps de comprendre ce qui lui arrivait qu'elle se retrouva sur le seuil de la maison, son manteau dans les bras. Madame Scanlon lui dit à peine au revoir et elle lui claqua la porte au nez.

En admettant que Sue ait dit la vérité, Gil Meyers serait innocent... C'était important, mais Andréa avait l'impression que les problèmes de la jeune fille ne faisaient que commencer. Et ça ne lui rendrait certainement pas service de rester dans cette maison de fous. Le comportement de l'oncle était pour le moins étrange, et Sue ne devait pas trouver beaucoup de réconfort auprès de sa mère...

Apparemment, madame Scanlon eut l'honnêteté de prévenir le lycée, car monsieur Meyers reprit ses fonctions en moins d'une semaine. L'équipe du journal organisa une grande fête en son honneur, mais Andréa n'avait pas envie d'y aller. Elle avait un peu honte d'avoir mis la parole de Gil en question, d'avoir douté de lui. D'un autre côté, si elle n'y allait pas, ça semblerait encore plus louche et ça pourrait conduire à des malentendus.

Elle confia à Brandon qu'après tout elle était bien contente de s'être trompée sur le compte de Meyers. Mais il faudrait quand même qu'elle fasse ses excuses en bonne et due forme. Elle reconnaissait son erreur. Ça ne l'empêchait pourtant pas de se sentir complètement débile.

Elle attendit impatiemment qu'une occasion se présente de soulager sa conscience. Et elle eut bientôt la possibilité de se retrouver seule avec monsieur Meyers. Il était debout dans un coin, un gobelet en carton dans les mains.

– Je suis désolée d'avoir tiré des conclusions aussi hâtives, dit-elle.

– Non, ce n'est pas la peine de t'excuser ! répondit-il. Tout ce que tu m'as dit m'a beaucoup fait réfléchir.

Il avait l'air mélancolique. Apparemment, ça lui avait donné une bonne leçon. À Andréa aussi, d'ailleurs. Elle était quand même soulagée qu'il ne lui saute pas dessus pour lui arracher la tête, en guise de revanche… C'était franchement un chic type !

– Kelly Taylor est venue me féliciter tout à l'heure, continua-t-il. Elle était tellement sincère que j'ai failli la prendre dans mes bras pour la remercier. J'aurais agi comme ça, en temps normal, tu me connais. Mais, cette fois-ci, j'ai réfléchi à deux fois et je ne l'ai pas fait. Je crois que ça valait mieux.

– Mais, aujourd'hui, la situation était complètement différente, rétorqua Andréa.

Gil haussa les épaules.

– Pas autant que tu le crois ! Je suis en terrain dangereux. Et il faut savoir se fixer des limites…

Il avait raison, évidemment. Et Andréa chercha un autre sujet de conversation, plus cool. Mais monsieur Meyers avait l'air content, son verre de jus de fruits à la main. Apparemment, il ne tenait pas à parler pour ne rien dire.

– Au moins votre nom a été lavé de tout soupçon, dit-elle au bout d'un moment.

– Oui… répondit-il, comme si ça n'avait pas une grande importance.

– Vous pensez à Sue, n'est-ce pas ?

– Oui, je n'arrive pas à en détacher mon esprit. Comment va-t-elle, au fait ?

– Je ne sais pas trop. Elle n'est pas venue au lycée, aujourd'hui. J'avais prévu de faire une halte chez elle, ce soir, en rentrant.

Monsieur Meyers enveloppa la jeune fille du regard et dit :

– Fais tout ce que tu peux pour elle, Andréa. Sinon elle ne pourra jamais s'en sortir.

– Je voudrais bien. Je crois cependant qu'elle a plutôt besoin de médecins, de professionnels... Toute sa famille est concernée, d'ailleurs.

– Oui, tu as probablement raison. Mais il faut aussi qu'elle ait des amis...

Andréa acquiesça. Il fallait que Sue puisse parler à quelqu'un, c'était primordial. Andréa n'était pas psychologue, mais elle savait écouter. C'était déjà ça...

Après les cours, elle décida d'aller trouver la jeune fille chez elle.

Madame Scanlon ouvrit la porte, vit qui avait frappé et sortit sur le seuil. On aurait dit qu'elle venait de passer plusieurs jours effroyables. Et Sue devait être dans un état encore plus lamentable. Andréa demanda si elle pouvait la voir.

– Non, je suis désolée. Seuls les membres de sa famille sont autorisés à pénétrer dans sa chambre.

– Mais vous croyez vraiment que ça lui fait du bien d'être isolée ?

– C'est moi qui décide, Andréa. Pas toi.

– Mais si je pouvais juste...

Madame Scanlon rentra chez elle et ferma la porte sans ajouter un mot. Andréa resta sur le seuil, complètement décontenancée et découragée...

7

Le paradis

Andréa avait envie de refrapper à la porte, de retenter sa chance. Mais elle se dit que ça ne servirait pas à grand-chose. Elle avait déjà fait tout ce qui était en son pouvoir, et elle avait échoué. Si quelqu'un avait besoin d'un ami, présentement, c'était bien elle…

Elle décida d'aller voir Brenda Walsh. Elle lui avait déjà fourni plusieurs renseignements sur Sue. Peut-être qu'elle pourrait encore l'aider.

Andréa s'assit au bureau de son amie, tandis que Brenda prit place au bord du lit. Elles étaient toutes les deux d'accord : Sue avait un problème. Mais lequel ? Et comment y remédier ?

– Je pensais que tu aurais peut-être une idée pour me faire entrer dans cette maison, expliqua Andréa. Ça ne va certainement pas améliorer sa santé mentale de rester enfermée là-dedans. Ils sont tous bizarres dans cette famille. J'ai rarement vu ça. Ça me donne même un peu la chair de poule, quand j'y pense.

Brenda acquiesça :

– Mais je ne vois pas ce que je pourrais faire pour te venir en aide…

La situation avait l'air désespéré. Elles réfléchirent toutes les deux un long moment sans rien dire, puis Brenda sourit.

– Tu as trouvé quelque chose ? demanda Andréa.

– Oui. J'ai une idée géniale !

Elles allèrent au Peach Pit pour voir Donna. Leur amie se régalait d'un sundae au caramel que Nat préparait tout spécialement pour elle. Quand elles eurent fini leur histoire, Donna semblait bouleversée :

– Mais vous ne croyez tout de même pas qu'elle est capable de faire une bêtise, non ?

– Tant que personne n'arrivera à rentrer chez elle, on ne peut rien dire... répondit Andréa.

– Mais tu m'as dit que madame Scanlon ne laissait pénétrer personne dans la chambre de Sue. Sauf la famille. Alors, je ne vois vraiment pas comment je pourrais y réussir.

– Toi, non, répliqua Brenda. Mais ton copain, si. C'était le meilleur ami de Scott, rappelle-toi.

Donna ouvrit tout grands les yeux. Elle avait l'air très étonné et très intrigué. C'était une idée complètement dingue, mais elle avait des chances de marcher.

David se sentait débile d'être là, debout avec Donna sur le perron des Scanlon. Il aurait donné n'importe quoi pour se trouver ailleurs. Ça faisait plus d'un an qu'il n'était pas venu ici. Mais tous les souvenirs qu'il avait gardés, bons et mauvais, lui revenaient à l'esprit maintenant. Il s'attendait même presque que ce fût Scott qui leur ouvre la porte !

David se demanda comment Donna avait bien pu réussir à le convaincre de venir ici, pour jouer aux espions. Il voulait que Sue soit heureuse, bien entendu, mais ce n'était pas à lui de faire son bonheur. Il ne savait d'ailleurs pas comment s'y prendre.

Il s'était un peu détaché des Scanlon, depuis un moment, et ça valait peut-être mieux ainsi. Ça le rendait nerveux de se retrouver chez son ex-pote. Il avait l'impression d'être un peu voyeur.

Sue répondit enfin. Elle souriait de toutes ses dents et portait une super robe d'été, couleur fluo. David ne s'attendait pas du tout à ça. Ça aurait pourtant dû l'encourager. Mais Donna et lui s'étaient tellement trompés, que ça lui cassa encore plus le moral.

Donna avait l'air très surprise, elle aussi.

– Wow ! Mais t'es super comme ça, Sue ! Comment vas-tu ?

– Ultra bien ! Et toi ?

– Ultra bien aussi !

Donna était tellement étonnée qu'elle n'avait rien trouvé de plus original à répondre.

C'était super. C'était génial. Tout le monde était beau et gentil. Tout allait à merveille. Sauf David. Pour lui, tout ça, c'était cent pour cent bidon. Du vent ! Sue serrait Donna contre elle. Tu parles ! Comme si elle était contente de la voir ! Elle le serra lui aussi dans ses bras ! Pff !

Madame Scanlon arriva et les accueillit chaleureusement. Elle insista pour qu'ils restent manger avec eux. Ils étaient en train de faire un barbecue. David se souvint que les Scanlon adoraient ça. C'était la grande spécialité de la famille. Et Sue alla demander à son oncle de préparer plus de viande pour les nouveaux venus.

– On s'inquiétait de ne pas voir Sue au lycée, dit Donna, comme pour justifier sa présence.

Madame Scanlon fit claquer sa langue contre son palais et devint tout à coup très sérieuse. Elle parla comme une conspiratrice :

– Oui, mais vous savez, tous ses problèmes... ils venaient de l'école ! De nulle part ailleurs ! Vous autres, vous avez presque fini, maintenant, Dieu merci ! Mais la pauvre Sue ! Il lui restait encore au moins trois ans là-bas ! C'était impossible. Elle n'aurait jamais pu le supporter !

– Vous voulez dire que vous allez la retirer de West Beverly ? demanda David, incrédule.

– Absolument ! Nous allons déménager pour l'Oklahoma. Comme ça, nous serons plus proches de la famille.

– Dans l'Oklahoma ! s'exclamèrent David et Donna d'une même voix.

– Oui. C'est beaucoup plus sain pour les enfants, expliqua madame Scanlon. Il y a moins de circulation, moins de pollution. Et les gens ont su garder les valeurs morales traditionnelles de la famille. Un vrai paradis, en somme !

La mère de Sue avait l'air sincère, mais David n'était pas convaincu. L'Oklahoma, ce n'était pas franchement le paradis. En plus, il avait passé trois années de sa vie à West Beverly, et il était bien placé pour dire que ce n'était absolument pas un lycée de fous. La jungle des tableaux noirs, comme l'imaginait madame Scanlon. Si Sue avait des problèmes, ça ne venait certainement pas de l'école.

Madame Scanlon invita Donna et David à aller dans le jardin, à l'arrière de la maison. Oncle Ernest était déjà là, avec son tablier : *N'oubliez pas de faire de gros bisous à la cuisinière, pour la remercier !* Les frères et sœurs de Sue couraient dans tous les sens. Quand la petite Amy, qui n'avait pas plus de onze ans, s'approchait de son oncle, il la prenait dans ses bras et la dévorait de baisers, pour jouer. Pendant ce temps-là, Sue s'occupait d'aller chercher toutes sortes de plats à la cuisine.

Donna avait l'air de plus en plus énervé :

– Je ne suis pas très douée pour ce genre de jeu ! dit-elle. Plus ils essaient d'être normaux, de faire comme si de rien n'était, plus je me sens mal à l'aise.

– Oui, moi aussi. Mais il faut suivre ses instincts, crois-moi, lui conseilla David.

– Qui c'est, Ernest, exactement ? Qu'est-ce qu'il vient faire ici ?

– C'était l'oncle préféré de Scott, expliqua David. Mais il a dû se passer quelque chose, parce que la dernière fois qu'il est revenu de l'Oklahoma, il l'a traité de tous les noms et n'a jamais plus voulu m'en reparler.

– Il t'a dit pourquoi ?

– Non, pas un mot.

Ils réfléchirent tous les deux sans rien dire. Mais David ne voyait pas le rapport avec Sue et monsieur Meyers.

– Écoute, dit-il. Sue rentre à l'intérieur. Pourquoi n'essaies-tu pas d'aller lui parler. Entre femmes. On pourrait peut-être tenter d'apprendre quelque chose avant de partir. Sinon, ça aura servi à quoi, toute cette comédie ?

– Tu crois que c'est la meilleure solution ? demanda Donna.

– Ouais. En tout cas, je n'oserai plus jamais regarder Andréa dans les yeux, si je ne peux rien lui apprendre. Elle serait trop déçue.

David avait probablement raison. Ils ne sauraient jamais rien s'ils restaient plantés là, comme des piquets. Donna suivit donc Sue à l'intérieur. Elle la chercha quelques instants et finit par la trouver dans la chambre de Scott. Elle serrait quelque chose contre sa poitrine. Elle avait l'air très tendu. C'est comme ça que Donna s'attendait à la voir, si malheureux que cela paraisse. Pas faussement joyeuse et souriante comme tout à l'heure.

– On s'en va, avec David.

– Au revoir, alors, répondit Sue sans la regarder. Merci d'être venus.

– Je comprends bien que tu n'aies pas envie de parler de ce qui s'est passé, continua Donna. Mais si tu changes d'avis ou si tu as besoin d'aide, sache que tu peux m'appeler. Ou bien David. Quand tu veux, vraiment. N'hésite pas !

– Écoute, répondit Sue, plus que sèchement. Je vais très bien. J'ai une famille super et je n'ai besoin de personne d'autre. Tu comprends ?

Donna était surprise de voir Sue s'emporter aussi vite. Sa colère n'était pas dirigée contre elle, mais ça la mettait quand même mal à l'aise.

– Andréa prétend que les jeunes ne peuvent pas inventer des choses pareilles, répondit Donna. Ils le tirent forcément de quelque part.

Sue ne répondit pas. Donna était déçue de n'avoir rien pu apprendre. Elle s'apprêta à partir quand la jeune fille jeta violemment ce qu'elle gardait serré contre sa poitrine. C'était une photo de Scott. Les larmes envahirent son visage.

– Tu veux vraiment savoir ce qui s'est passé, hein ? hurla-t-elle. Ce qui s'est passé, c'est qu'il s'est mis à m'embrasser et à me tripoter. Et je ne sais même pas qui a commencé... C'est peut-être moi, après tout. En tout cas, c'est ce qu'il prétend. De toute façon, je voulais que ça s'arrête, j'avais peur qu'il aille plus loin. Alors j'ai essayé de le repousser, mais il ne me lâchait pas. Il ne voulait plus me lâcher ! C'est lui qui m'a fait du mal !

Sue était toute tremblante. Son corps était secoué de sanglots.

Donna était écœurée par ce que venait de lui raconter Sue, mais elle ne comprenait pas bien. Ça n'avait d'ailleurs pas beaucoup d'importance : tout ce qui comptait, pour le moment, c'était de réconforter son amie. Sue s'accrocha désespérément à elle, comme si elle venait de lui sauver la vie.

Donna essaya de parler aussi doucement que possible :

– Mais si monsieur Meyers t'a fait tout ça, pourquoi as-tu prétendu le contraire ?

– Parce que ce n'était pas Gil Meyers, chuchota Sue. Ce n'était pas lui du tout. C'était…

Elle ne parvint pas à continuer. Elle était encore toute tremblante, malgré la chaleur de cette journée d'été…

– C'était mon oncle Ernest, finit-elle par admettre.

Donna pensait qu'elle avait déjà tout entendu. Mais la révélation de Sue lui fit horreur. Elle avait l'impression de recevoir un coup de poignard en plein cœur et avait du mal à trouver ses mots.

– Et tu ne l'as jamais dit à personne ? murmura-t-elle.

– Si, à Scott. Mais il a disparu en me laissant toute seule.

Elles se tinrent l'une contre l'autre pendant un long moment. Madame Scanlon finit par les retrouver.

– Qu'est-ce qui se passe ? demanda-t-elle.

– Veux-tu que je reste avec toi ? demanda Donna à son amie.

– Non, répondit Sue d'une voix plus ferme que tout à l'heure. Ça va mieux maintenant.

– Tu vas lui dire, à elle ?

– Me dire quoi, Sue ? Ton hamburger va refroidir, je te préviens !

– Oui, je lui dirai, répondit Sue. Vous pouvez y aller maintenant. Tout va bien. Merci.

Donna sortit de la maison en se demandant comment les gens pouvaient être aussi atroces entre eux. Elle avait pris une douche ce matin mais elle se sentait super sale. Et ce n'était pas avec de l'eau et du savon qu'on arrivait à se débarrasser de ce genre de crasse…

Andréa attendait ses amis au Peach Pit, en compagnie de Brenda. Comme il n'y avait rien d'autre à faire, elles décidèrent de manger. Andréa se moquait pas mal de savoir combien de kilos elle prendrait cet après-midi-là.

Au bout d'un moment, Donna et David arrivèrent. Ils avaient l'air bouleversés. Ce qui était arrivé à Sue devait vraiment être très grave.

– Et alors ? demanda Brenda, très impatiente.

La jeune fille était encore trop sous le choc pour parler et c'est David qui commença de raconter l'histoire. Mais Donna, qui avait personnellement entendu Sue, prit bien vite la relève.

– Je comprends maintenant pourquoi Scott ne supportait plus ce type !

– Sue a peur qu'il ne commence à faire la même chose avec sa petite sœur Amy, ajouta Donna.

– C'est répugnant, commenta Brenda.

Andréa acquiesça. C'était incroyablement répugnant, comme l'avait dit Brenda, mais maintenant qu'on savait la vérité, on pouvait peut-être faire quelque chose. Sue était victime, mais ça ne voulait pas dire qu'elle n'avait pas besoin d'un médecin.

Dylan fit son entrée de bien meilleure humeur que ses camarades. Il embrassa Brenda sur les lèvres. Elle le regarda d'un air étonné.

– Tu n'es plus contagieux, alors ? s'exclama-t-elle joyeusement.

– Non ! répondit-il avant de l'embrasser de nouveau.

Mais il remarqua que les sourires de ses amis étaient un peu forcés.

– Que se passe-t-il ? demanda-t-il. J'ai du rouge à lèvres sur le col de ma chemise et de la laitue entre les dents ?

– Non, Dylan, répondit Andréa.

Et elle lui expliqua toute l'affaire.

– Le monde est sordide, soupira-t-il. Mais j'ai des nouvelles encore pires, j'en ai bien peur.

Il expliqua à Donna qu'il était trop tard pour voter aux prochaines élections, si elle ne s'était pas inscrite à temps. Sauf qu'elle avait été prévoyante et qu'elle l'avait déjà fait depuis plusieurs mois ! Quand il entendit ça, Dylan sauta de joie. Il essaya de réparer sa bévue en convainquant Donna de voter pour le *Projet de Sauvegarde des Eaux de la Côte.*

Il était en train de raconter sa première mauvaise expérience avec le microbe qui polluait la baie quand Nikki apparut. Apparemment, elle s'était préparée pour une soirée d'enfer. Brandon entra juste derrière elle. Lui aussi était sur son trente et un. Il était très séduisant, et Andréa ne put s'empêcher de pousser un soupir en le voyant.

– Eh ! Où est-ce que vous allez, tous les deux ? demanda Brenda.

Nikki passa son bras autour de la taille de son copain.

– On va au Happy Feet, la nouvelle boîte, à Robertson.

Dylan se gratta l'oreille, comme s'il n'avait pas bien entendu.

– Pardon ? Brandon ? Monsieur Je-suis-malade-dès-qu'il-faut-se-bouger-un-peu a maintenant la fièvre du samedi soir ? Il écume toutes les discothèques de la région ? Je le crois pas ! Ils distribuent des ballons de basket à l'entrée, ou quoi ?

Brandon leva les mains pour réclamer le calme et expliqua :

– Je sais bien qu'avant j'aimais autant danser qu'entendre mon père faire du karaoké. Mais j'ai eu une illumination, figurez-vous. J'ai compris que, dans une relation, c'était important d'apprendre des choses du partenaire.

– Et qu'est-ce que tu as appris, en l'occurrence ? demanda Andréa.

Il fallait bien que quelqu'un pose la question. Alors, autant que ça soit elle.

– J'ai compris que quand on dansait ensemble, ça rendait Nikki heureuse.

Ouais, ce n'était pas danser ensemble qui rendait Nikki heureuse, pensa Andréa, c'était plutôt faire l'amour. Il n'osait pas le dire ! De toute manière, ils avaient le droit de faire ce qu'ils voulaient. Elle n'y voyait aucune objection.

Mais, en repensant à Sue et à son oncle, elle se dit que c'était quand même triste de se servir du sexe comme d'une arme, pour faire mal aux gens…

8

Un rendez-vous avec le destin

Kelly savait bien que c'était une mauvaise idée, mais elle décida tout de même de le faire. Elle acheta un gâteau au chocolat et alla le porter chez Dylan. Elle resta un moment sur le palier, à réfléchir à ce qu'elle était en train de faire.

Dylan et elle étaient amis depuis la maternelle. Alors, pourquoi ne viendrait-elle pas lui souhaiter son anniversaire ?

D'un autre côté, Brenda était rentrée de Paris, et elle avait récupéré ce qui lui appartenait. C'était tout à fait normal. Et mieux valait oublier Dylan. Il pourrait y avoir des malentendus si quelqu'un la voyait en train de lui livrer un gâteau au chocolat en plein milieu de la nuit. En plus, ils feraient sûrement des blagues débiles en se demandant qui Dylan allait dévorer, du gâteau ou de la jeune fille...

Mais, maintenant qu'elle était là, autant aller jusqu'au bout. Elle n'avait d'ailleurs aucune intention de manger ce gâteau. C'était même absolument hors de question !

Oh ! Et puis pourquoi se poser autant de questions ? pensa-elle. Elle sortit une petite bougie de sa poche, la planta dans le chocolat et l'alluma. C'était super joli !

Elle frappa à la porte et Dylan vint lui ouvrir quelques instants après. Il sourit en la voyant.

– Je vais te faire une grande faveur : je ne chanterai pas le traditionnel *Happy Birthday !* dit Kelly.

– Mais tu es un peu en retard, tu sais…

Elle se sentit bizarre, tout à coup, en voyant à quel point elle tenait à ce garçon. Il fallait qu'elle fasse super attention, sinon Brenda ne croirait jamais que ce n'était qu'un acte d'amitié…

– Fais un vœu, suggéra-t-elle.

Dylan la regarda d'un air entendu.

– C'est déjà fait, répondit-il.

Il se pencha en avant pour souffler la bougie et, dans son émotion, Kelly se baissa pour l'aider. Ils se retrouvaient tous les deux debout, de part et d'autre de la porte. Dylan ne l'avait pas encore invitée à entrer. C'était peut-être mieux comme ça, après tout. Si elle mettait un pied chez lui, elle ne répondrait probablement plus de ses actes…

– Joyeux anniversaire ! s'exclama-t-elle en lui tendant le gâteau.

Il le saisit et elle s'enfuit. Elle se rendait ridicule en venant et en partant aussi brutalement. Elle aurait vraiment dû le plaquer pour de bon. Refuser de le voir. C'était bien pour ça qu'elle avait décidé de lui apporter ce cadeau…

Elle rentra chez elle et faillit se prendre les pieds dans les pots de peinture qui parsemaient le sol de sa chambre. Noir… Au début, elle s'était dit que ce n'était peut-être pas très net de peindre sa chambre de cette couleur. Il n'y avait que les grands meurtriers ou les fous pour faire une chose pareille. Mais, un jour, elle avait lu un article qui expliquait que peindre une pièce en sombre lui donnait un air théâtral. Très bien ! D'ailleurs, ça ne pouvait pas être pire que cette espèce de rose affreux qu'elle avait depuis son époque pouffiasse. Mais tout ça était révolu. Et il fallait bien voir la vérité en face : elle n'avait plus de copain, même pas un à l'horizon. Alors autant repeindre sa chambre. Elle n'avait rien d'autre à faire, de toute manière.

Brenda se baladait dans le vidéo-club avec Kelly, Donna et David. Elle sc demanda ce que les gens faisaient avant l'invention du magnétoscope. On pouvait lire, bien entendu. Mais quand on avait envie de regarder la télé ou d'écouter la radio, on se retrouvait à la merci d'autres gens qui décidaient pour vous de la programmation. Avec la vidéo, si on avait envie de regarder *Dirty Dancing* trois fois de suite à deux heures du matin, personne ne pouvait vous en empêcher. C'était vraiment un progrès considérable !

Ils n'arrivaient pas à se décider sur ce qu'ils allaient prendre. Brenda leur proposa d'essayer un grand classique comme *Casablanca.*

– C'est le film préféré de Dylan, expliqua-t-elle.

Ça rendit Kelly pensive.

– Ah bon ? dit-elle, comme si de rien n'était.

Tout à coup, Brenda parut distraite. Le choix d'une cassette n'avait plus d'importance. Elle avait vu quelque chose qui l'avait littéralement pétrifiée.

– C'est pas vrai ! J'hallucine ! s'exclama-t-elle, en essayant tant bien que mal de se cacher derrière un grand Pinocchio en carton.

– Qu'est-ce qui se passe ? demanda Kelly, d'un air inquiet.

– Il y a Rick, là-bas. C'est incroyable. Je me demande ce qu'il peut bien faire ici.

Rick était un mec très mignon : grand, brun, super craquant. Pour ne pas gâter les choses, il était intelligent et avait un super sens de l'humour. Pendant combien de temps Brenda était-elle restée avec lui, à Paris ? Quatre jours ? Une semaine ? Peu, en fait. Mais ça lui avait presque suffi pour tout plaquer et partir avec lui sur la Côte d'Azur.

Sa présence ici rendait les choses plutôt scabreuses. Il faudrait déjà qu'elle l'explique à Dylan sans qu'il s'énerve, et en plus Rick croyait qu'elle était française. Ça avait commencé comme une blague sans conséquence, et ça devenait une vraie catastrophe !

– Donna, qu'est-ce que je vais faire ? Cache-moi, je t'en prie ! supplia-t-elle.

Brenda essayait de se faire aussi petite que possible, derrière son grand Pinocchio en carton. À l'autre bout du magasin, Rick était en train de lire le résumé d'un film, sur l'étui d'une cassette. Et apparemment, il n'avait pas vraiment l'air pressé de partir !

– Tu n'arriveras jamais à sortir sans qu'il te voie, dit Donna.

Elle avait raison. Elle n'avait aucune échappatoire. Il fallait regarder la vérité en face.

– Bon, d'accord. Alors, écoutez-moi bien, tous. Je vais faire et dire des choses bizarres. Mais n'intervenez en aucun cas, et laissez-moi agir sans broncher, O.K. ?

– C'est qui ce type ? demanda David.

– Raconte-lui, Donna. Moi, j'ai un rendez-vous avec le destin !

Brenda avança vers Rick. Elle était un peu nerveuse. Mais c'était normal, après une absence aussi prolongée…

– Rick ? appela-t-elle.

Le garçon leva la tête et parut pétrifié par la surprise.

– Brenda Dubois ! s'exclama-t-il. Je pensais pas que je ne te reverrais jamais !

Brenda essaya de reprendre son accent de vache espagnole pour répondre dans un anglais incertain :

– Oui. Je suis en visite dans ma famille américaine. Les Walsh, ils habitent à Beverly Hills. C'est mon oncle et ma tante.

Son accent n'était-il pas trop exagéré ? Rick avait-il une oreille assez fine pour le remarquer ?

– Et moi, j'ai réussi à faire mon transfert pour l'U.C.L.A.

Il secoua la tête et poursuivit :

– J'ai du mal à croire ce qui nous arrive ! C'est dingue !

Puis, sur un ton plus sérieux :

– Tu sais, je t'ai attendue longtemps, l'autre fois, à Paris !

Brenda n'était pas très fière de lui avoir posé un lapin. Mais il était trop tard pour lui révéler la vérité. Combien de temps allait-elle encore réussir à lui mentir ?

– Bon, c'est pas grave, remarque. Tu restes ici longtemps ?

– Non, quelques jours.

– C'est pas beaucoup, mais je crois que ça sera assez !

– Assez ? Pour quoi faire ?

– Eh bien, tu m'as montré le Paris de Brenda Dubois. Moi, je vais te faire visiter le Los Angeles de Rick Blaine.

Ça y est, on est repartis pour un tour ! pensa Brenda. Sauf que, cette fois, ils sortiraient au grand jour, dans une ville où elle connaissait pas mal de monde. À moins de faire très attention et d'avoir une chance extraordinaire, Dylan apprendrait certainement quelque chose.

– Oh, Rick ! Je ne sais pas si je peux ! Je dois bientôt rentrer à Paris, tu sais. Je n'ai vraiment plus beaucoup de temps.

– Allez, Brenda. Tu ne te rends pas compte ! Tu es là, je suis là. C'est un coup de bol incroyable !

– Quoi ?

– C'est un coup de bol. Le destin. La providence !

Brenda comprenait très bien de quoi il voulait parler. Mais elle était surprise que Rick ait exactement la même vision des choses qu'elle : le destin avait de nouveau fait croiser leurs routes. C'était sûrement un signe. Il ne fallait pas aller à son encontre.

Quand Rick partit, elle dut tout expliquer à ses amis. La plupart d'entre eux connaissaient déjà le début de l'histoire, sauf David, qu'ils éclairèrent tous à tour de rôle. Donna et David étaient d'avis que Brenda ne devrait pas revoir Rick. Mais Kelly était d'accord avec son amie : si le destin les avait réunis, c'était bien pour quelque chose.

Brenda passa le reste de son après-midi à se demander si Dylan serait compréhensif. Accepterait-il le fait qu'elle ait complètement perdu le contrôle de la situation, et qu'une blague de rien du tout ait pris des proportions extraordinaires ? Elle n'aurait jamais toléré que des mecs se battent pour elle, quoique, au fond, l'idée ne lui déplaise pas totalement…

Le soir, alors qu'elle dînait, la sonnerie du téléphone retentit. Madame Walsh alla répondre et parut un peu perplexe en passant le combiné à sa fille.

– C'est un garçon. Il veut parler à *ma nièce Brenda…*

Brenda était très gênée. Elle sauta sur le téléphone et tourna le dos à sa famille pour ne pas voir la tête qu'ils faisaient.

– Bonjour Rick ! Ça va ? demanda-t-elle en français.

Elle lui expliqua qu'elle ne pourrait pas le voir ce soir, mais que pour samedi ça tenait toujours. Heureusement, il n'insista pas trop – il pouvait être assez pot de colle parfois…

Elle raccrocha et revint à table, comme si de rien n'était. Si elle se débrouillait bien, ils ne lui poseraient peut-être pas trop de questions...

Tu parles ! Faut pas prendre ses désirs pour la réalité !

– Alors, Brenda, dit monsieur Walsh. Peux-tu nous expliquer ce qui vient de se passer ?

– Ouais, et demande-lui aussi pourquoi elle se fait passer pour Isabelle Adjani, tant qu'on y est ! lança Brandon.

Il essaya de faire sourire ses parents, sans succès.

– C'est rien ! répondit Brenda. J'ai rencontré ce type à Paris et je ne croyais pas que j'allais le revoir un jour. Alors j'ai fait semblant d'être française, pour rigoler. C'est tout.

Et elle se remit à manger avec un appétit féroce, comme s'il n'y avait plus que cela qui comptait et que la discussion était close.

– C'est tout ? s'exclama sa mère.

– Oui. Enfin... c'était tout... jusqu'au moment où je me suis retrouvée nez à nez avec lui, cet après-midi, dans le vidéo-club.

– Et tu ne lui as toujours pas révélé ta véritable identité ?

Brenda posa ses deux mains sur son cœur et prit son pire accent français pour répondre :

– Mais qu'est-ce que tu veux que je fasse ? Ça lui fendrait le cœur !

Brandon hocha la tête d'un air réprobateur.

– Tu vas avoir des problèmes, *mademoiselle Brenda*. Parce que, le jour où ce type apprendra la vérité, il deviendra complètement dingue ! C'est moi qui te le dis.

– Oui, mais il ne saura jamais rien ! dit Brenda avec beaucoup plus d'assurance que ce qu'elle ressentait, au fond.

– Mais oui, ne t'inquiète pas, Brandon, intervint monsieur Walsh. Je suis sûr que ta sœur a tout prévu et qu'elle sait exactement ce qu'elle fait.

Il leva les yeux au ciel et sa femme et Brandon éclatèrent de rire.

Brenda ne voyait pas ce que la situation avait de drôle...

Il était midi. Steve était dans la cour, en train de manger un sandwich avec des amis. Tout le monde félicitait Donna car elle avait fait des progrès considérables lors du dernier examen blanc. Steve était très heureux pour elle, évidemment. Mais, pour lui, la vie, c'était plus que le journal de vingt heures, la météo et le sport. Il y avait plein d'autres choses qu'aucun test scolaire ne pourrait jamais évaluer. Et heureusement, d'ailleurs ! La vie ne tenait pas qu'aux examens !

En tout cas, il espérait. Parce que, aujourd'hui, il s'était vraiment planté. Il était bien conscient de ne pas s'être assez appliqué. Mais ce qu'on lui demandait d'apprendre était ennuyeux, ou bien alors c'était du bidon. Et dans ces conditions, c'était facile de se laisser distraire par autre chose. Il avait eu un très mauvais classement aux examens blancs, ses notes en général étaient très basses. Il pouvait dire adieu à la fac, maintenant... C'était inéluctable.

En rentrant, il passa devant la salle des ordinateurs. À l'intérieur, il vit son pote Herbert. Le jeune qu'il avait décidé de parrainer, au lycée. Il était penché sur son clavier et avait l'air hyper concentré. Au bout d'un moment, il se releva et s'appuya contre le dossier de la chaise en étirant ses bras. Il avait l'air satisfait de lui.

En le voyant travailler, Steve eut une idée géante. C'était un des coups les plus risqués qu'il ait jamais tentés. Mais, si ça marchait, ça en vaudrait vraiment la chandelle.

Il y avait trop de monde dans la salle d'informatique pour qu'il aille trouver Herbert maintenant. Il lui fit un petit signe de la main et s'éloigna. Son idée était tellement bonne qu'il pouvait bien se permettre d'attendre un moment plus propice pour la mettre en œuvre. Et ce moment viendrait. Il en était certain. Pour des mecs comme lui, ça venait toujours. Tôt ou tard.

9

Seulement deux jambes cassées

Donna se sentait super bien. Il était tard et, à l'autre bout de sa chambre, une petite lumière lançait des reflets bleu argenté. On aurait dit qu'elle était radioactive. David avait choisi une station FM qui jouait du jazz, doucement. Ils étaient couchés sur son divan, dans sa chambre. Donna se laissait caresser sans rien dire, alors qu'en temps normal elle ne lui permettait pas d'être aussi aventureux.

Il n'abusait pas d'elle, cependant. Elle l'aimait et elle savait que c'était réciproque. Ils étaient peut-être amoureux, d'ailleurs. En tout cas, David devenait parfois trop attentionné. Il demandait si tout allait bien, s'il pouvait continuer… Qu'il fasse ce dont ils avaient tous les deux envie ! Donna l'arrêterait, s'il allait trop loin.

Non, c'était sa faute à elle, pas la sienne. Elle était plutôt cool, d'habitude, mais la vie était devenue compliquée depuis que Brenda avait revu Rick, au vidéo-club.

En fait, ce jour-là, David avait traîné dans le rayon des films X. Apparemment, il avait super envie d'en regarder un avec Donna. Ça ne l'intéressait pas, bien sûr, et elle lui avait demandé de revenir à la section des films tout public. Mais, en sortant du rayon porno, elle s'était retrouvée nez à nez avec le père Chris, le prêtre qui avait célébré sa communion solennelle.

Il était amical, comme d'habitude. Et il avait l'air beaucoup moins affecté qu'elle de la voir sortir de la section porno. En fait, il se contenta de lui demander de faire un tour à l'église, à l'occasion.

– Tu seras toujours bien accueillie, tu le sais !

Elle promit qu'elle passerait, quand elle aurait le temps.

Donna n'était pas encore allée le voir. Mais elle n'avait pas la conscience tranquille. Elle se demandait si les gens ne pensaient pas trop au sexe, après tout. Il n'y avait quand même pas que ça dans la vie ! Bien sûr, ils n'étaient que des humains... Mais ça voulait aussi dire que ce n'étaient pas des bêtes... Ils pouvaient décider de leurs actes...

Et voilà qu'elle se retrouvait avec David, couchée sur le divan. Il était en train de se débattre avec les boutons de son chemisier. Elle avait envie qu'il se sente bien. Elle voulait se laisser aller. Mais comme elle ne savait pas quoi faire, elle ne fit rien.

Tout à coup, David retira sa main et dit :

– Normalement, c'est maintenant que tu devrais me dire d'arrêter et de rentrer chez moi, non ?

Sacré David ! Toujours le premier à casser l'ambiance pour une juste cause ! Elle continua pourtant à l'embrasser, en espérant qu'il comprendrait le message, et se tairait.

– Tu veux dire que je peux continuer, c'est ça ? poursuivit-il.

– Non. Enfin, si... Je voudrais...

Elle n'avait jamais été aussi embarrassée...

Elle s'assit et alluma la lampe, à côté du divan. Elle emplit la pièce d'une lumière blanche et froide, clinique. Rien de mieux pour rompre le romantisme ! Donna se sentait horrible, elle ne savait plus quoi faire.

– Mais si tu es prête, moi aussi, fit David. Vraiment !

– En fait, je ne suis plus trop sûre...

– Mais tu le seras bientôt, non ?

– Je ne sais pas. Je suis désolée, David.

– Oh, ce n'est pas la peine de t'excuser.

Il prit une de ses chaussures et la tint un long moment sans se décider à l'enfiler. Apparemment, il espérait encore qu'ils allaient continuer pour de bon. Pauvre David !

– Et qu'est-ce que tu crois que je ressens en ce moment ? demanda-t-elle. Je trouve déjà ça extraordinaire de t'avoir laissé pénétrer dans ma chambre !

– Et qu'est-ce que ça te fait, alors ? Comment te sens-tu ?

– Chaude, très chaude, murmura-t-elle.

Elle avait envie de se recroqueviller au creux de son épaule, mais elle avait peur qu'il ne se méprenne sur son geste.

– Où est le problème, alors ? demanda David. Tes parents sont partis pour un bout de temps. En plus, on ne peut pas attraper de M.S.T. puisque c'est la première fois pour nous deux, et qu'en plus j'ai apporté des préservatifs.

Effectivement, quel était le problème ? David et elle s'aimaient. Elle était un être humain, elle devait faire un choix... Elle éteignit la lumière, se recoucha sur le divan et remit la main de David sur sa poitrine.

– T'es sûre que tu es d'accord ? demanda-t-il, d'un air incrédule.

– Mais oui ! répondit-elle en aidant David à déboutonner son chemisier puisque, apparemment, il n'y arrivait pas tout seul.

– Tu es vraiment certaine ?

Donna se refroidit un peu.

– Bien sûr que non ! s'exclama-t-elle.

Elle continua pourtant à se déboutonner en espérant que David comprendrait, à la fin, et qu'il ferait quelque chose avant qu'elle ne perde tout à fait patience.

Tout à coup ils sursautèrent. Le téléphone sonnait.

– Ne réponds pas, dit David.

– Si. On ne sait jamais, c'est peut-être quelque chose de grave.

Elle se demanda si ça la soulageait ou pas d'avoir été interrompue... Après tout, ça avait été tellement frustrant jusqu'à présent.

C'était Kelly, au bout du fil.

– Dis-lui que tu la rappelles ! supplia David.

– Andréa a eu un accident, fit Kelly.

– Quoi ? Qu'est-ce qui s'est passé ? Comment va-t-elle ?

– Je ne sais pas encore, répondit Kelly. On va tous la voir à l'hôpital.

– Qu'est-ce qu'il y a ? demanda David. C'est grave ?

– O.K., répondit Donna dans le téléphone. On arrive dès que possible. Merci, Kelly.

Elle raccrocha.

– Qu'est-ce qui s'est passé ? demanda David, complètement à cran.

Quand Donna lui expliqua, il comprit immédiatement que ce n'était pas une plaisanterie. Ils se rhabillèrent à toute vitesse et allèrent au chevet d'Andréa.

Donna n'avait vraiment pas envie de voir son amie blessée. Mais elle était quand même soulagée d'avoir un peu plus de temps pour réfléchir, avant de franchir le cap, avec David...

Il était déjà assez tard, et ils n'eurent pas de problème pour trouver une place, dans le parking de l'hôpital. Quand ils arrivèrent dans la chambre, Brandon et Nikki étaient déjà là.

– Steve m'a appelée, dit Andréa. Brenda et Dylan arrivent dès que possible.

Donna avait envie de pleurer en voyant son amie. Elle s'arrêta sur le pas de la porte et demanda :

– Mais qu'est-ce que tu as ?

– Deux jambes cassées, expliqua Brandon.

– Non, c'est pas possible ! s'exclama David. Comment c'est arrivé ?

Andréa avait l'air très fatiguée, mais sa voix avait gardé toute sa fermeté.

– Je rentrais du lycée, à pied. Je me disais que ma vie était vraiment géniale et que j'étais super contente. Quand tout à coup… en fait, je ne me rappelle que d'une chose : une voiture a foncé sur moi. Elle ne s'est même pas arrêtée et le conducteur m'a laissée, comme ça, sur la chaussée.

Cette histoire horrible les laissa tous songeurs. Les problèmes de Donna semblaient dérisoires à côté de ça. Deux jambes cassées ! C'était pas de la tarte !

– Délit de fuite ? dit Nikki. Et qu'est-ce qu'ils en disent, les flics ?

– Que je devrais déjà être contente d'être encore en vie !

– Ouais… On est tous là avec toi, Andréa, fit Donna, la voix chargée d'émotion. Si tu as besoin de quoi que ce soit, n'hésite pas.

– Ben, tiens ! Justement ! J'ai besoin de quelque chose ! Je voudrais que vous signiez mes plâtres. Kelly a apporté des marqueurs. Les deux jambes, hein ! Et que ça saute !

Ils rirent tous de bon cœur. Cependant Donna ne put s'empêcher de verser quelques larmes. Elle se sentit ridicule quand Andréa la consola. Alors elle prit un feutre et signa le plâtre, comme tout le monde.

10

Patatras !

Steve aperçut Herbert. Il était assis, à l'écart, un sandwich dans une main, un livre d'informatique dans l'autre. Il regarda le garçon d'un air intéressé. Ce type était la réponse à toutes ses angoisses, la solution à tous ses problèmes. Il fallait juste que Steve convainque le jeune de coopérer, et ça, ce n'était pas ce qu'il y avait de plus difficile.

– Salut, mec ! dit-il, en s'approchant. Qu'est-ce que tu lis de beau ?

– *La Surcharge, en MS-DOS,* répondit Herbert, sans même prendre la peine de relever la tête.

Steve ne savait pas trop ce que ça voulait dire. Ça devait avoir un rapport avec les ordinateurs.

– Tu dois être un battant, un sacré gagneur pour t'attaquer à des choses pareilles ! fit-il d'un ton admiratif.

– Ouais, peut-être. Mais qu'est-ce que tu veux, à la fin ? Ça fait plusieurs semaines que tu ne m'adresses plus la parole, et puis un beau jour tu débarques, comme ça…

Steve eut envie de lui envoyer une pique. Mais il se dit que ce n'était pas la meilleure façon de se lier d'amitié avec quelqu'un.

– Ouais, je sais. Je suis désolé, mec. J'avais plein de soucis. Tu sais ce que c'est…

Il s'assit à côté du jeune et lui parla sur le ton de la confidence :

– Dis-moi, ça t'est déjà arrivé de vouloir pirater le système informatique d'une grande entreprise ?

– Ouais, évidemment.

Steve hocha la tête et essaya de parler comme si de rien n'était :

– Quelqu'un m'a dit que toutes les notes des élèves de ce lycée étaient stockées sur ordinateur.

Herbert haussa les épaules :

– Ben, évidemment ! C'est même un IBM ES 9000 avec deux PS2 branchés en réseau.

En plein dans le mille ! se dit Steve. Le garçon a l'air de connaître son affaire !

– Eh ben, imagine qu'on arrive à entrer dans ce programme ! continua-t-il.

Il haussa les épaules en ricanant à part lui, et hocha la tête :

– Mais qu'est-ce que je raconte, moi ? C'est complètement débile. Ça doit être impossible à faire, d'ailleurs. Ils sont pas fous…

– Tout ce qu'il faut, c'est le mot de passe. Avec ça, je pourrai ouvrir le système comme une noix…

– Le mot de passe ? Ah, ouais, bien sûr. Je me disais bien qu'il devait y avoir une ruse. C'est comme si on te demandait de trouver le numéro personnel de Cindy Crawford.

– Ouais, sauf qu'on peut essayer de se débrouiller, assura Herbert. Le dispositif informatique du lycée marche en boucle. En passant par un serveur de fichier actif, on aura…

– Quelle langue tu parles, là, petit ? Je te comprends plus…

– En termes simples, ça signifie qu'avant d'entrer dans le système informatique, il faut pénétrer dans l'école.

– C'est pas un problème.

– Qu'est-ce que tu veux dire par là ?

– Tu as déjà entendu parler du passe-partout, non ?

– Ouais, bien sûr. Les grands nous embêtent toujours avec ça. Ils prétendent que c'est la clef maîtresse qui ouvre absolument toutes les portes du bahut. Il paraît qu'on se la refile de génération en génération d'élèves, à Beverly High. Mais c'est un mythe, une légende… une histoire à dormir debout. Comme celle du jardin aux papillons du quatrième étage et du trou qui donne pile dans le vestaire des filles…

– Je l'ai, dit simplement Steve.

– Quoi ? Tu as le passe-partout ? C'est pas vrai. Tu racontes des bobards !

– Je l'ai, je te dis !

Steve se demandait ce que le jeune était en train de penser, tandis qu'il le regardait avec ses grands yeux. Herbert était brillant, certes, mais il manquait un peu d'imagination.

– Bon, supposons que tu l'aies pour de bon, dit Herbert. Et admettons qu'on parvienne à s'en servir… Eh ben, ça nous attirera sûrement des problèmes incroyables auxquels on n'aurait jamais songé.

– Allez, Herbert ! Arrête de dire des conneries. Tu sais bien que des générations et des générations de mômes se servent de cette clef depuis les années soixante ! C'est pas un truc si extraordinaire que ça !

– Ouais, peut-être. Mais j'ai pas besoin de changer mes notes, moi. À part en sport, j'ai la moyenne partout, je te signale.

Herbert prit ses livres sous son bras et partit d'un coup.

Steve le suivit. Il ne pouvait pas le laisser s'échapper comme ça.

– Bon, je vais changer de tactique alors, et je vais te parler franchement. D'homme à homme. Si tu fais ça pour moi, et si, du coup, je suis reçu à mes exams, je te promets que je te donne la clef. Comme un héritage. Réfléchis-y, vieux. C'est le plus beau cadeau qu'un grand puisse faire à un petit.

Herbert secoua la tête.

– Non, je ne sais pas, Steve.

– Mais tu n'as donc aucun sens de la loyauté, de l'aventure ? N'importe quel type de ta trempe aurait envie de pénétrer dans le système informatique de son bahut, et moi, je t'en donne la possibilité ! T'es un battant, ou quoi ?

Herbert s'arrêta et fit face à son interlocuteur. Steve avait réussi à le convaincre en le provoquant. C'était génial. Mais il ne fallait pas qu'il affiche trop vite son triomphe.

– Il nous faut encore le mot de passe.

– Oui, mais tu as dit que ce n'était pas un problème de l'obtenir.

– Non, pas avec une grande gueule comme la tienne ! répondit Herbert, mi-admiratif, mi-dégoûté.

Ils regagnèrent la salle des ordinateurs et Herbert rédigea un texte à l'intention de Steve. Il s'entraîna à le répéter, phrase après phrase, pour ne pas se tromper dans le vocabulaire informatique. Il arrêta quand il fut certain de prononcer ces termes barbares avec autant d'aisance que les acteurs de *Star Trek*.

Ils allèrent ensuite dans la Corvette noire de Steve. Herbert prit place du côté passager, tandis que Steve composait un numéro sur son téléphone portable. Il appelait le bureau du directeur de West Beverly

High. Ni plus ni moins. On lui passa plusieurs postes puis il fut connecté à monsieur Laforge. C'était lui qui supervisait le système informatique du lycée.

– Ah ! Bonjour ! fit Steve. Je vous appelle du Réseau de Maintenance Informatique d'IBM. Le ministère de l'Éducation nous a appelés pour nous demander d'intervenir chez vous. Nous voudrions lancer une procédure de vérification de tous vos systèmes et logiciels sur IBM ES 9000. Pour cela, j'aurais besoin des mots de passe, afin de nous assurer qu'ils remplissent bien leur rôle de protection.

Steve attendit quelques minutes. Son cœur battait à tout rompre. Laforge n'avait-il pas reconnu sa voix ? Était-il déjà en train d'appeler la police ? Non ! Il revint à l'autre bout de la ligne et communiqua tous les mots de passe sans broncher. C'était dingue ! Steve le remercia et raccrocha.

– À toi, maintenant, vieux ! dit Steve en lui tendant la feuille de papier.

Herbert n'en croyait pas ses yeux. Il ne savait pas quoi dire.

– Ben alors, qu'est-ce que t'attends ? Tu peux le faire, oui ou non ?

– Ouais. Les doigts dans le nez !

Le lendemain, au lycée, Brandon entendit les nouvelles les plus contradictoires au sujet d'Andréa. Tout le monde savait qu'elle avait été blessée, mais une rumeur circulait comme quoi elle était paralysée à vie. D'autres gens prétendaient même qu'elle était morte. David lui suggéra de révéler la seule information valable lors de son émission de radio. Brandon accepta. C'était une bonne idée.

– Andréa ne supporte pas qu'on lui fasse de la pub ou qu'on parle d'elle. Mais je crois qu'elle aime encore moins les rumeurs.

Nikki surgit près de Brandon et lui posa un gros baiser sur les lèvres. C'était le couple le plus heureux de la terre, depuis qu'ils étaient allés au Happy Feet ensemble. Bon, évidemment, ça n'avait été qu'un succès relatif. Mais quand même il y avait du progrès. Nikki avait dansé tandis que Brandon se trémoussait d'un air un peu constipé. Quand elle avait essayé de lui apprendre la lambada, il avait beaucoup plus apprécié. D'ailleurs, il préférait qu'elle fasse ça avec lui plutôt qu'avec un autre garçon. Mais il savait bien qu'il n'aimerait jamais vraiment danser. C'était impossible. Nikki s'en rendit compte également, et ils décidèrent de rentrer. Pour pratiquer le mambo du Minnesota. La seule danse qui leur faisait réellement plaisir à tous les deux.

Nikki regarda David et Donna d'un air embarrassé.

– Je sais que ce n'est peut-être pas le bon moment, et qu'Andréa est toute seule à l'hosto. Mais ma tante, qui travaille pour William Morris, m'a donné quatre tickets pour assister au show télévisé de Rosie O'Donnell. C'est sur le câble et c'est une émission organisée pour la recherche contre le SIDA.

– C'est vrai ? demanda Donna, incrédule.

Nikki n'avait pas l'air très à l'aise.

– Oui, mais le problème, c'est que c'est ce soir uniquement. Enfin, si vous n'avez pas envie d'y aller, à cause d'Andréa, je comprendrai très bien.

– Ouais, toi, tu comprendrais, mais pas elle. Elle serait en colère si on laissait passer une occasion comme celle-là !

– Ah ! C'est super ! fit Nikki, soulagée. On y va tous les quatre, alors ?

– Ouais, on sera tous présents à l'appel.

– Bon, je ferais mieux de prendre le volant. J'ai bien peur que le jeune Silver n'ait pas encore l'âge de passer son permis, fit Brandon.

– Bien sûr que si ! Autant que toi !

Brandon sourit. Il aimait bien taquiner David. À tous les coups ça marchait : il tombait dans le panneau.

– Ah bon ? Vraiment ? répondit-il. Mon Dieu, que le temps passe vite !

Après le lycée, Brenda passa chez elle et alla manger une pomme à la cuisine. Dylan devait bientôt venir la chercher, pour aller à l'hôpital. Ça la désespérait de penser à ce qu'Andréa endurait en ce moment, et à ce qu'elle allait souffrir après. En plus, le lycée n'avait pas été vraiment conçu pour les gens à mobilité réduite.

La vie était tellement bizarre, parfois. Vous croyez que tout va bien et tout à coup, *patatras !* Quelque chose arrive et met tout sens dessus dessous.

Brenda se souvint de la fois où Donna s'était trompée d'étage, en prenant l'ascenseur de l'hôtel. Elle avait découvert que sa mère trompait son mari ! *Et patatras !* Comme pour Andréa.

Tout à coup, le père de Brenda rentra à la maison. En plein milieu de l'après-midi ! C'était étrange. D'autant plus que ce n'était pas vraiment son genre de prendre son vendredi… En fait, ce n'était pas son genre de prendre des congés du tout. À moins d'y être vraiment contraint.

– Qu'est-ce qui t'amène, p'pa ?

– J'ai pris mon après-midi pour faire une partie de golf avec ta mère.

Brenda fut heureuse de lui voir un sourire radieux.

– As-tu des nouvelles d'Andréa ?

– Non, mais on va tous la voir aujourd'hui. D'après Brandon, elle doit quitter l'hôpital lundi prochain.

Le téléphone sonna. Brenda répondit tandis que son père montait à l'étage pour se changer.

– Allô ?

– Pourrais-je parler à Brenda, s'il vous plaît.

Zut ! C'était encore Rick ! Et peut-être qu'avec un mot aussi court qu'*allô,* il avait reconnu l'accent du Minnesota, et non pas celui de Saint-Germain-des-Prés.

– Oh, Rick ! C'est moi ! dit-elle avec son affreux accent. Comment est-ce que vas-tu ? Non, je veux dire : Comment vas-tu ?

Très bien. Il avait juste envie d'entendre sa voix, si douce… Il avait cependant l'air un peu trop excité, au goût de Brenda. Il fallait qu'elle reste vague sur ses projets, sans cependant éveiller ses soupçons.

Mais, tout à coup, l'horreur se produisit. Quelqu'un sonna à la porte. Évidemment, c'était Dylan. Il venait la prendre pour aller voir Andréa. Et elle n'avait pas envie qu'il la surprenne en train de parler avec Rick. Ne serait-ce qu'au téléphone…

– Rick. Il me faut partir ! continua-t-elle avec son fort accent français. Je te retrouve demain à une heure. Au revoir !

Elle raccrocha et se retourna juste à temps pour voir Dylan entrer. Elle espérait ne pas avoir l'air trop bizarre.

– Dylan ! s'écria-t-elle. Il faudrait qu'on apporte quelque chose à Andréa, non ? Des fleurs, ou du chocolat, qu'est-ce que tu en dis ?

Il avait l'air surpris par son enthousiasme subit, mais elle se rendit compte que quelque chose le chiffonnait.

– Ouais, c'est une super idée. Mais c'est toi qui t'en charges. Moi, il faut d'abord que je parle avec ton père. Tu veux bien ? J'ai appelé son bureau, et ils m'ont dit qu'il avait pris son après-midi…

Brenda était inquiète pour son copain. Elle était quand même soulagée de voir qu'il ne se souciait pas trop d'elle.

– Ouais. Il a promis une partie de golf à ma mère. Mais qu'est-ce qui t'arrive ?

– J'ai eu les résultats de mon test, au lycée.

– Et alors ? Tu n'as pas fait aussi bien que tu l'espérais ?

Dylan hocha la tête d'un air dégoûté.

– Si ! Au contraire ! J'ai fait *trop* bien ! Les correcteurs ne veulent pas valider mes notes. Ils prétendent que j'ai triché.

Brenda était choquée. Elle savait que Dylan était hyper honnête, même quand les événements devenaient un peu délicats et qu'il valait mieux ne pas dire la vérité, pour ne pas blesser les gens…

– Ils disent que si j'ai souhaité passer le test au lycée de West Lompoc High, c'était pour envoyer quelqu'un à ma place.

– Mais ils savent bien que c'est parce que ton père est enfermé dans la prison de cette ville !

– Ouais, mais va dire ça au chef du jury !

Brenda était furieuse pour son copain. Il n'avait pourtant pas besoin d'aide pour être en colère lui-même ! Elle ne savait pas comment son père pourrait l'aider, mais il fallait quand même que quelqu'un intervienne.

Et voilà ! *Patatras !* Ça recommençait ! Pourquoi la vie serait-elle simple alors qu'elle pouvait être compliquée ?

Brandon Walsh (Jason Priesley)

Andrea Zuckerman
(Gabrielle Carteris)

David Silver
(Brian Austin Green)

Steve Sanders
(Ian Ziering)

Brenda Walsh (Shannen Doherty) et *Kelly Taylor* (Jennie Garth)

Donna Martin (Tori Spelling) et *Brenda Walsh* (Shannen Doherty)

Brenda Walsh (Shannen Doherty), *Dylan McKay* (Luke Perry) et *Kelly Taylor* (Jennie Garth)

David Silver (Brian Austin Green) et *Donna Martin* (Tori Spelling)

Brandon Walsh (Jason Priesley), *Dylan McKay* (Luke Perry), *Steve Sanders* (Ian Ziering), *David Silver* (Brian Austin Green) et *Donna Martin* (Tori Spelling)

Dylan McKay (Luke Perry)

Kelly Taylor (Jennie Garth)

11

Les résultats

Monsieur et madame Walsh descendirent les escaliers avec leurs habits de golf. Ils avaient l'air heureux, mais furent très affectés quand Brenda leur raconta ce qui se passait. Ils s'assirent dans le salon et monsieur Walsh lut la lettre que le président du jury avait envoyée à Dylan.

Il replia la feuille.

– Je comprends pourquoi ils n'acceptent pas tes résultats, dit-il. Tes notes ont progressé de trois cents points.

– C'est pas possible ! s'exclama Brenda.

Elle savait bien que Dylan n'avait pas triché. Trois cents points, tout de même ! C'était un peu beaucoup !

– Mais tu te rappelles, Bren, fit Dylan. La première fois que j'ai passé l'exam, j'ai dû partir plus tôt pour te rejoindre à l'hôpital, quand ils te faisaient les tests pour le cancer. J'ai pas répondu à la moitié des questions.

– Et on ne peut pas leur expliquer ça ?

– Si, on peut toujours essayer, fit monsieur Walsh. Je suis certain qu'il y a une procédure d'appel en cas de besoin. Mais on pourrait tenter autre chose, de beaucoup moins lourd, pour commencer.

– Quoi, par exemple ? demanda Dylan, sans trop y croire.

– Tu pourrais repasser les examens.

Dylan se mit sur la défensive et répondit :

– C'est hors de question. Je n'ai pas triché. C'est moi qui les ai passés la première fois, et je ne vois pas pourquoi on met ça en doute.

– Je comprends bien, répondit monsieur Walsh. Et je te crois, sans problème. Mais, parfois, la meilleure façon d'aller d'un point à un autre, c'est de tirer une ligne droite entre les deux.

Brenda voyait bien que son père essayait de rassurer Dylan avec des arguments simples et raisonnables. Pourtant, ça ne marcherait pas. Quand Dylan était persuadé de son bon droit, c'était impossible de le faire changer d'avis.

– C'est hors de question, fit le jeune homme. Je n'ai pas triché, je vous l'ai déjà dit. Et ils ne s'en sortiront pas comme ça.

Si ça continuait, personne ne s'en sortirait, d'ailleurs. Mais il fallait le faire comprendre à Dylan, et ça, c'était une autre paire de manches. Il dit qu'il réfléchirait à la proposition de monsieur Walsh, mais il avait sûrement déjà pris sa décision.

Les parents partirent pour leur partie de golf et Brenda et Dylan allèrent voir Andréa. Au lieu de lui acheter des fleurs, ils lui apportèrent un énorme bouquet de ballons multicolores. Il y en avait tellement qu'ils n'auraient jamais pu les transporter, si Dylan n'avait pas eu une voiture décapotable.

Le soir, Brenda alla chez son copain pour voir l'émission de Rosie O'Donnell sur le câble. Ils s'assirent sur le canapé avec un saladier de pop-corn et quelques boîtes de soda.

– On va peut-être voir quelqu'un qu'on connaît dans le public, dit Brenda d'un air excité.

– Mouais, on ne sait jamais, répondit Dylan.

Il avait l'esprit ailleurs, à cause de ses examens. L'émission, comique, parviendrait peut-être à le distraire un peu.

Rosie O'Donnell commença son discours de présentation, sur l'écran :

– C'est super de vous retrouver ce soir, mais la raison pour laquelle nous sommes réunis n'est pas aussi sympathique que ça. Nous avons franchi quelques pas, dans notre lutte contre le SIDA, mais le plus dur reste à faire. Cependant, une chose est sûre. Dans cette époque troublée, les gens commencent à avoir peur. Et bientôt, ils vont même éviter de faire l'amour.

» Mais saviez-vous que soixante-dix pour cent des jeunes ont une vie sexuelle active au moment d'entrer à la fac ? Dieu sait que moi, j'étais très active, à l'époque ! En y repensant, je me suis dit que ce soir j'allais vous raconter ma première fois. C'était épique, croyez-moi ! Mais, je suis désolée, maman regarde…

Brenda rit avec le public. Dylan décroisa ses bras pour prendre du pop-corn.

– Allez, Dylan, un effort. Arrête de faire la gueule !

Il sourit, mais c'était plutôt un rictus.

Ensuite Rosie parcourut le public en demandant à des gens très âgés s'ils avaient fait ça avant le mariage. Ils étaient tous super mignons en répondant. Mais il fallait bien, sinon on ne les aurait pas montrés à l'écran, surtout dans une émisssion de Rosie O'Donnell.

La présentatrice continua son parcours.

– Regarde ! s'exclama Brenda, elle s'adresse à Brandon et à Nikki !

– Elle n'arrivera jamais à faire parler Brandon de sa vie sexuelle à la télévision. Devant des millions de téléspectateurs ! fit Dylan.

Elle y parvint pourtant, ce qui les étonna tous les deux. Rosie leur fit avouer que leur première fois était passée depuis longtemps, mais pas ensemble.

Puis Rosie arriva à Donna et à David. Brenda se sentit tout à coup super gênée, alors qu'elle ne faisait même pas partie du public interrogé ! Elle se disait que Donna et David étaient sûrement en train de passer un très mauvais quart d'heure. Au moins dans leurs têtes.

– Et vous, alors ? Faites-vous partie des soixante-dix pour cent ? demanda Rosie.

– Non, admit Donna, un peu nerveuse. J'appartiens aux trente restants...

Tout le monde se mit à la huer, comme si elle avait donné la mauvaise réponse à un jeu...

– Tant mieux pour toi ! répondit Rosie. Et ton copain, il sait que tu es encore vierge ?

– Absolument, fit David.

Brenda ne put s'empêcher de rire avec Rosie et tout le public : David était tellement franc et naïf !

Mais, tout à coup, Rosie devint très sérieuse.

– Ce n'est pas facile, hein ? Votre corps crie : « J'en veux, j'en veux », mais il y a cette petite voix dans votre tête, qui ressemble d'ailleurs étrangement à celle de maman, et qui vous dit de repousser ce garçon...

– Comment le savez-vous ? demanda Donna, très surprise.

– C'est mon métier. Mais n'essayez pas de faire ça à la maison, les enfants, ça pourrait être dangereux ! répondit Rosie en riant. Pour revenir à nos moutons, vous comptez attendre encore longtemps, alors ?

Donna haussa les épaules.

– Oui, le temps qu'il faudra. C'est comme ça qu'on m'a appris...

– Eh bien, vous direz à votre mère qu'elle a élevé une charmante jeune fille et qu'elle peut être fière d'elle. Ne laissez pas ce garçon vous convaincre du contraire ! Attendez. Si vous en avez envie, c'est le principal.

La présentatrice regagna la scène, suivie par la caméra.

– Et pour les soixante-dix pour cent restants, soyez prudents ! N'oubliez jamais : sortez couverts, utilisez systématiquement des préservatifs !

L'émission dura encore une heure. Rosie interrogea d'autres personnes dans le public, puis continua le programme avec les rubriques habituelles. C'était tellement drôle que Dylan se mit à rire aussi. Brenda était très impressionnée : Rosie O'Donnell arrivait à la faire rire et à réfléchir en même temps, sur des sujets très graves.

Quand l'émission prit fin, il était déjà tard. Brenda aida Dylan à rapporter les saladiers de pop-corn et les bouteilles vides dans la cuisine. Sa bonne humeur s'était éteinte avec la télé, et Brenda avait de la peine pour lui.

– Je ne comprends toujours pas pourquoi tu ne veux pas repasser le test, fit-elle.

– Mais Brenda, tu as confiance en moi, oui ou non ?

– Bien sûr que oui ! Tu ne m'as jamais menti, et c'est bien pour ça que je te respecte et que je t'aime.

Elle s'appuya contre le réfrigérateur. La porte était fraîche contre son bras. Elle était en territoire dangereux, elle le sentait bien :

– En fait, c'est parce que tu as toujours été tellement honnête avec moi que j'ai décidé de te parler de ce type, là, Rick... quand je suis revenue de France.

Dylan sortit de la cuisine, sans dire un mot. Il alla s'asseoir sur le divan en faisant semblant de lire une revue de surf.

– Dylan ? demanda-t-elle.

Apparemment, elle l'avait vexé, mais elle ne savait pas comment.

– Tu sais, je ne suis peut-être pas aussi honnête que ce que tu crois, déclara-t-il.

– Quoi ?

– Je sais que j'aurais dû te dire ça plus tôt, prononça-t-il avec difficulté. Je me demande pourquoi je ne l'ai pas fait, d'ailleurs. Mais, cet été, il y a eu une autre fille.

Brenda était choquée.

– Dylan ! Comment as-tu pu faire une chose pareille ? s'exclama-t-elle.

– Tu le sais bien ! Il n'y a même pas deux minutes, tu me parlais de ce mec, en France…

Brenda se mit sur la défensive. Leur super soirée romantique s'était évaporée en l'espace de quelques minutes.

– Mais moi, je te l'ai dit juste après ! expliqua-t-elle. T'aurais pu faire la même chose !

– Oui, je sais. Tu as entière confiance en moi et moi, je suis un sale hypocrite. Mais il fallait que ça sorte, ce soir.

– Bien, dit Brenda, très en colère. J'espère que tu te sens lavé de toute culpabilité, maintenant !

Comment Dylan avait-il pu la trahir ? Comment pouvait-elle encore croire en lui.

– Je suis désolé.

Il était marrant ! Il croyait qu'en s'excusant, il réparerait tout le mal qu'il lui avait fait.

– Qui était-ce, Dylan ? Toujours cette sale Stacy que tu avais emmenée au Mexique ?

Elle essayait de retenir ses larmes, mais ce n'était pas évident.

– Ça n'a aucune importance.

Tout à coup, Brenda se dit qu'elle en avait marre de ce garçon, de ses sautes d'humeur, de sa conversation. Et puis Rick lui revint à l'esprit, elle ne pensait plus qu'à lui. Ça la rassurait mais elle se sentait aussi un peu coupable.

– Peu importe, tu as raison. Je n'ai pas envie d'entendre les détails sordides qui accompagnent ta vie sexuelle. Ramène-moi à la maison, s'il te plaît.

Elle pleurait pour de bon, maintenant. Elle se précipita vers la porte d'entrée. Dylan la rejoignit, la prit dans ses bras et la regarda droit dans les yeux :

– Il fallait bien que je te dise la vérité, Brenda. C'est tout.

– Eh ben, comme ça, tu l'auras fait. Je suis très impressionnée. Mais est-ce que tu peux me ramener à la maison, ou dois-je appeler un taxi ?

– Bren, je t'en prie...

– S'il te plaît, Dylan, je t'ai posé une question !

Il hocha la tête et la ramena. Dans la voiture, ils ne dirent pas un mot. Brenda était heureuse que Rick se trouve dans les parages, mais ça la rendait aussi un peu mélancolique.

12

Toujours la bienvenue

Donna et David étaient allongés sur le divan. Ils s'embrassaient. Mais il commençait à être tard. Il fallait que David se décide à faire quelque chose ou qu'il parte. Rosie avait conseillé à Donna de ne pas laisser David lui imposer ses volontés. Mais si c'était Donna qui s'imposait elle-même les choses ?

– Je t'en prie, Donna, fit David, hors d'haleine. Laisse-moi passer la nuit avec toi. Tes parents sont souvent absents, en ce moment ?

– Non, fit Donna, en essayant de rester aussi ferme que possible.

– Allez, s'il te plaît, dit-il pour l'encourager. On ne fera rien de mal. Juste dormir ! Je te promets.

David lui faisait encore le coup du mâle frustré.

– Ouais ! Tu crois que je vais avaler ça ? répondit-elle.

– Mais c'est la vérité ! Je t'aime, Donna. Laisse-moi passer la nuit avec toi.

Le problème, c'était qu'elle l'aimait aussi et qu'elle n'avait pas envie de le renvoyer.

– Bon, O.K. Mais je veux que tu t'endormes vraiment. Et pour ça, commence par fermer les yeux.

Il s'exécuta, mais on avait l'impression qu'il attendait encore quelque chose.

– Ça va, comme ça ? demanda-t-il.

– Oui, très bien.

Elle posa sa tête sur son épaule et essaya de se détendre. À sa grande surprise, elle s'endormit très rapidement.

Sans savoir comment ça s'était produit, elle se retrouva en plein milieu du vidéo-club. Tout était bizarre, mais elle n'avait pas peur. Elle était debout dans une longue file de petites filles qui marchaient doucement vers l'entrée du magasin. Elles portaient toutes de jolies robes en dentelle, pour leur communion solennelle. La porte était tellement éloignée qu'elle était complètement perdue dans un brouillard nacré. Elles passèrent devant le néon qui signalait la section porno. On aurait dit que le *X* était en feu.

– Tu ne peux pas aller par là.

Donna regarda l'enfant qui lui tenait la main.

– Et pourquoi pas ?

– Parce que tu n'es qu'une petite fille.

Elle avait raison, Donna le savait bien. Mais avec cette étrange vision dédoublée qu'on a parfois dans les rêves, elle se rendit compte qu'elle était à la fois elle-même et la petite fille. Et les gentils enfants ne fréquentent pas les rayons de films porno...

Le magasin de vidéo changeait peu à peu au fur et à mesure qu'elle avançait. Il devenait encore plus grand et plus large. Les rayonnages se transformèrent en bancs de bois et le bâtiment prit la patine de la pierre ancienne. Loin devant, une rosace multicolore brillait dans le brouillard nacré. Ça sentait l'encens et Donna entendait parler latin.

– Je t'ai gardé une place, dit la petite fille, en se poussant un peu sur le banc pour que Donna puisse s'asseoir.

Tout autour d'elle, les enfants étaient gentiment assises, dans leurs habits de communion.

– Merci.

Le brouillard s'éclaircit et, tout à coup, Donna se retrouva à l'église. Le père Chris était monté en chaire et prononçait un discours. Ça faisait déjà longtemps qu'il parlait. Pour Donna, plus rien d'autre n'existait que cette église et ce sermon. Il n'y avait jamais rien eu avant, ni autre part. Elle se concentrait sur ce qu'il disait. C'était très important. Elle ne devait pas laisser échapper un seul mot.

– N'oubliez pas que c'est votre communion solennelle, dit le père Chris. Dorénavant, vous aurez à chaque instant de votre vie des choix difficiles à faire. Mais quelle que soit votre décision, Dieu vous aimera toujours.

– Même moi, père Chris ? demanda Donna, tout haut.

Ça ne l'avait pas gênée de crier si fort. Elle voulait vraiment savoir. C'était important.

– Oui, Donna. Même toi.

– Même si je couche avec mon copain avant le mariage ?

Les petites filles ricanèrent en entendant la question.

– Oui, Donna, répondit le père Chris. Même dans ce cas-là. Dieu t'aimera toujours, dans toutes les circonstances. Mais tes parents seront très déçus.

Tout à coup, Donna se sentit tellement gênée et honteuse qu'elle se réveilla. David remua, à côté d'elle. Le réveil indiquait qu'il était tout juste deux heures du matin. Ils n'avaient même pas enlevé leurs vêtements... C'était inutile, d'ailleurs. David avait tenu sa parole. Il n'avait rien tenté.

Les détails de son rêve s'estompaient peu à peu, mais elle avait encore l'impression de faire quelque chose de terrible. Elle secoua David.

– David, dit-elle. David ! Il faut que tu partes.

– Hmm ? répondit une voix ensommeillée.

– Rentre chez toi, David.
– Pourquoi ?
– J'ai peur.

Il cligna des yeux et sembla se réveiller pour de bon.

– Peur de quoi ? Tu as entendu du bruit ?
– Non, ce ne sont pas les cambrioleurs que je crains. C'est moi. Surtout si tu restes...
– Mais je n'ai pas essayé de...
– Je sais. C'est pour ça qu'il vaut mieux que tu partes maintenant...

Elle le raccompagna jusqu'à la porte d'entrée et l'embrassa sur la joue. Ça le rendit encore plus perplexe.

Donna se déshabilla et alla se coucher. Elle avait bien fait de renvoyer David. Mais elle ne pouvait pas s'empêcher d'être un peu déçue. Les histoires de sexe, ça prenait vraiment la tête, parfois ! Ce serait tellement plus simple si les gens se reproduisaient en se divisant, comme les amibes. Elle avait étudié ça, en biologie, ça avait l'air assez sympa ! En tout cas, les amibes n'avaient pas de cas de conscience, c'était certain !

Le matin, elle se réveilla de très bonne humeur. Mais elle n'avait pas encore trouvé les réponses aux questions qui encombraient son esprit. Le père Chris lui avait dit qu'elle serait toujours la bienvenue dans sa paroisse, et apparemment elle ferait bien de lui rendre visite... Il pourrait peut-être l'aider à débroussailler un peu sa vie.

Ça faisait des années que Donna n'avait pas mis les pieds dans une église. Le bâtiment était toujours aussi magnifique, mais beaucoup plus petit que dans son souvenir. Elle resta admirative devant les multiples vitraux et les statues de saints. Elle remonta doucement la nef vers l'autel, fit une légère génuflexion et s'assit sur un banc en bois.

En fait, elle avait espéré qu'en entrant dans l'église, tous ses problèmes se résoudraient d'un coup. Elle fut par conséquent un peu déçue en constatant qu'elle était toujours aussi troublée qu'avant.

– Donna ?

Elle sursauta. C'était le père Chris. Elle ne l'avait pas entendu. Elle avait dû être trop concentrée sur ses pensées. À moins qu'il ne se soit vraiment approché sans un bruit.

Il s'assit à côté d'elle. Sa présence était réconfortante.

– Ça fait du bien de revenir, dit-elle.

– Qu'est-ce qui te préoccupe à ce point-là ?

– Comment savez-vous que quelque chose me préoccupe ? demanda-t-elle, très étonnée.

Il sourit.

– Tu sais, les gens qui se sont éloignés de l'Église ont souvent une très bonne raison pour y revenir.

– Oui, vous avez probablement raison.

Pouvait-il lire dans ses pensées ? Est-ce que cela avait une importance, d'ailleurs ? Elle lui raconterait tout, de toute manière. Pour la simple et bonne raison qu'elle en avait envie. Après tout, c'était pour ça qu'elle était venue.

– Vous vous rappelez du garçon que je vous ai présenté, l'autre jour, au vidéo-club ?

– David, c'est ça ?

Décidément, le père Chris n'oubliait jamais rien !

– Oui, répondit Donna. Ça fait plus ou moins un an qu'on sort ensemble, et il compte beaucoup pour moi. Je suis vraiment attirée par lui… sur le plan physique. Et je ne sais pas quoi faire…

Le père Chris hocha la tête. Il n'avait pas du tout l'air embarrassé que Donna lui parle de sexe en plein milieu de l'église. En tout cas, il avait l'air beaucoup moins nerveux qu'elle.

– Le plus beau don de Dieu, c'est le don de l'amour, expliqua-t-il. Il veut que nous vivions une vie faite d'amour et de foi. Mais, dans le monde sauvage qui nous entoure, ce n'est pas toujours facile à réaliser.

Donna rit : le prêtre avait tellement bien dit ça !

– Je sais, répondit-elle. Je sais.

– Et alors, qu'est-ce que ton cœur te conseille de faire ?

– Ce n'est pas mon cœur qui me préoccupe, en l'occurrence…

Le père Chris gloussa.

– L'amour que tu choisis de donner à quelqu'un est le plus cadeau que tu puisses lui offrir, Donna. Ça n'exclut absolument pas la sexualité. Il faut juste que tu sois sûre de ton choix : Est-ce à David que tu veux donner ta virginité ?

C'était la question qui l'avait amenée jusqu'ici. Sauf que le prêtre l'avait mieux cernée et l'avait exprimée en de bien plus jolis termes qu'elle.

– Je l'aime, et je sais qu'il m'aime, répondit Donna.

– C'est déjà un bon début ! Mais ça rend ta décision encore plus difficile à prendre, non ?

Donna acquiesça.

– Dans ce cas, répondit le père Chris, je te suggère de prier un petit peu. Et rappelle-toi, quel que soit ton choix, Dieu t'aimera toujours.

Donna sursauta. Les paroles du prêtre lui rappelèrent ce qu'elle avait entendu en rêve.

– C'est ce que vous me disiez quand j'étais petite…

– Oui, mais vois-tu, les bonnes idées font souvent long feu !

Il s'éloigna et la laissa prier à sa guise.

Elle ne savait pas trop si Dieu était intervenu personnellement ou si c'était simplement la solitude du lieu, en tout cas, ça marcha. Les choses s'éclaircirent peu à peu.

Le soir, David l'emmena dîner chez Enyart. La conversation était légère. Le jeune homme n'arrêtait pas de lui parler de la nouvelle chanson qu'il venait d'écrire.

– T'es vraiment le John Lennon de West Beverly ! s'exclama Donna.

Il la raccompagna à la maison. Elle était de plus en plus anxieuse. Et apparemment, ça se voyait : il n'arrêtait pas de la surveiller en regardant dans le rétroviseur et de lui demander si ça allait.

Ses parents n'étaient toujours pas là, et évidemment ils montèrent dans sa chambre. David s'approcha d'elle pour l'embrasser mais elle le repoussa doucement et le fit asseoir sur le lit. Puis elle se mit à faire les cent pas.

– Qu'est-ce que t'as ? T'as été bizarre toute la soirée !

– Rien, dit-elle en s'arrêtant. J'ai parlé au père Chris, cet après-midi.

– Ah ! C'est bien !

Apparemment, il n'avait pas compris ce qu'elle voulait lui dire.

– David. Je lui ai parlé de nous deux.

– Quoi ?

– Ce n'est pas la peine d'être aussi choqué. Tu sais bien que c'est pour ça qu'il est là. C'est son métier d'écouter.

David avait l'air très en colère, tout à coup.

– Oui, peut-être... D'abord Rosie O'Donnell et maintenant un prêtre ! Le monde entier va bientôt être au courant de notre vie sexuelle ! Ou plutôt de son inexistence !

Elle lui laissa un peu de temps pour se calmer et répondit :

– J'y ai beaucoup réfléchi, David.

– Et conclusion ?

Le moment était venu, mais ça lui parut très difficile à dire. Et puis tout à coup, ça sortit tout seul :

– David, je crois qu'on ferait mieux d'attendre après les exams. Quand on rentrera à la fac. On pourra en rediscuter, si on est encore ensemble d'ici là, d'accord ?

Le jeune homme soupira.

– Ça y est ? T'es décidée ?

Il avait l'air tellement désespéré que Donna se sentit obligée d'ajouter des explications.

– Ça ne veut pas dire qu'on ne pourra plus s'embrasser ou se caresser...

– Et qu'est-ce que le père Chris pense de ça ?

– Ce n'est pas lui qui dicte les lois, David. C'est nous.

David se tut un instant et réfléchit.

– Si tu n'acceptes pas ma décision, je ne serai pas très contente. En fait, je serai même super triste. Mais je comprendrais ton choix.

Donna venait de commettre une erreur irréparable. David allait se lever et partir. C'était certain. De toute manière, si le sexe était tellement important à ses yeux, c'est qu'il n'était pas fait pour elle.

– Je t'aime, Donna, répondit-il. Plus que tout. J'aime tout en toi... Je reste.

Donna était soulagée et heureuse de l'entendre parler ainsi. Ils s'embrassèrent. Ils avaient fait le bon choix, tous les deux.

Steve alla chercher Herbert chez lui. Il avait l'air très nerveux. Steve aussi. Mais il ne s'en aperçut qu'en arrivant au lycée. Il s'attendait à le trouver vide, bien sûr, mais ça donnait quand même la chair de poule de le voir comme ça, sans personne pour animer les couloirs.

– Calme, Herbert ! conseilla-t-il. C'est pas un crime de se trouver au bahut un samedi après-midi !

Steve n'était pas très rassuré, en fait. Il était préoccupé par ses propres intérêts, mais il n'était pas foncièrement malhonnête. D'ailleurs, si ce qu'il était en train de faire n'avait pas une telle importance, il aurait certainement laissé le passe-partout au fond du tiroir où il rangeait ses sous-vêtements.

– Rappelle-moi pourquoi on est ici, demanda Herbert.

– On repère les lieux et on prépare notre stratégie pour ce soir. Comme ça, on n'aura pas de mauvaises surprises. C'est compris ?

– Affirmatif ! dit Herbert d'un air triste.

Quelle poule mouillée ! se dit Steve. Pour se rassurer.

– Et qu'est-ce qui se passe si on se fait prendre ?

– Ça n'arrivera pas, fais-moi confiance.

Ils allèrent dans le bâtiment principal. L'ordinateur central se trouvait au bout du couloir, où étaient réunis tous les bureaux de la direction. Steve jeta un coup d'œil alentour. Il n'y avait personne, sauf un gars de service, à l'autre bout de la cour. Il avait l'air super concentré sur quelque chose qui obstruait une gouttière.

Steve mit la clef dans la serrure. À sa grande surprise et pour son plus grand soulagement, elle entrait sans problème. Il essaya ensuite de la tourner doucement.

– Ça marche, annonça-t-il. Tu ne te sens pas mieux, tout à coup ?

– Oh si ! Je prends vraiment mon pied ! répondit Herbert sur un ton ironique.

– Allez, n'aie pas peur, faut qu'on prépare notre plan d'attaque pour ce soir !

13

Peinture fraîche

Plus l'heure avançait, plus Brenda était énervée. Rick allait bientôt venir la chercher. Elle allait encore devoir contrôler son accent. Ce petit jeu durait depuis trop longtemps, maintenant : il n'était plus amusant et n'avait plus aucun intérêt. C'était même devenu une vraie corvée. Mais elle ne voyait pas comment s'en sortir. En plus, Rick était une double menace à lui tout seul : elle l'aimait beaucoup, et il symbolisait son été à Paris. Et puis, il y avait également Dylan. Combien de lumières éclairaient donc sa vie ? Trop, en tout cas ! Et ça devenait un problème. D'ailleurs, Dylan n'était plus vraiment une lumière dans sa vie. C'était plutôt un mec comme un autre. Sauf qu'il avait besoin d'une bonne leçon. Ça lui ferait du bien de se mesurer à quelqu'un d'autre. Il croyait un peu trop que les choses allaient de soi.

Pour ne pas améliorer la situation, Brenda ne trouvait plus son sweat-shirt mauve. Elle craignait de l'avoir oublié à Paris. Elle avait plein d'autres super habits, mais elle était persuadée que c'était celui-là, et pas un autre, qu'elle devait porter pour son rendez-vous. Non, ce n'était pas un rendez-vous amoureux. Il allait juste lui faire une visite guidée de la ville. Demain, Brenda Dubois devrait retourner chez elle, en France. Elle ne reverrait plus jamais Rick et ça l'attristait beaucoup. Sauf que cette idée de faux départ allait beaucoup lui simplifier les choses.

Brenda finit par trouver son sweater. Il était soigneusement plié et repassé avec le linge propre. Merci, maman ! Mais elle était encore énervée. Quand la sonnette retentit, elle faillit faire un infarctus.

Rick était toujours aussi mignon. Il portait des habits cools, mais pas négligés. Brenda essaya de l'éloigner de la maison le plus vite possible, mais il voulait faire connaissance avec sa famille.

– Ma tante et mon oncle sont partis, dit-elle.

Son accent français n'était-il pas trop léger, aujourd'hui ?

– Tiens, Brenda ! Ne serait-ce pas là ce fameux Rick dont tu n'arrêtes pas de nous parler, par hasard ?

La cata ! C'était sa mère !

– Oh ! Tante Sandy. Je ne savais pas que vous étiez à la maison...

Brenda espérait que Rick croirait à un mensonge aussi énorme.

– Je suis ravi de faire votre connaissance, madame, fit-il. Brenda m'a beaucoup parlé de vous.

– Vraiment ? demanda madame Walsh, incrédule.

Mais elle se reprit aussitôt :

– Alors, où allez-vous, comme ça ?

– J'ai pensé que je pourrais emmener votre nièce manger un pur hamburger américain.

La jeune fille essaya de sourire, mais elle la sentait mal, cette histoire. Parmi tous les restos de la côte, le plus populaire, pour manger des super hamburgers, c'était le Peach Pit. Et ce serait la mort, si elle allait là-bas. Elle connaissait presque tout le monde, et c'était réciproque. Il y aurait forcément quelqu'un pour vendre la mèche.

Madame Walsh leur souhaita un bon après-midi et les laissa partir dans la voiture de Rick. Brenda insista lourdement : elle n'avait absolument pas faim. Mais Rick voulait au moins lui montrer l'endroit. Juste pour jeter un coup d'œil.

– Les mecs dans mon foyer, à la fac, n'arrêtent pas de jurer par ce resto. Tu pourras prendre un soda, si tu veux. Mais moi, je mangerai : je meurs de faim.

Évidemment, elle n'y coupa pas : il se gara devant le Peach Pit. Brenda, avec son sens de la fatalité et de l'abnégation, laissa Rick pénétrer dans la salle le premier.

Elle demanda à s'asseoir dans un coin, en se disant que, de toute manière, c'était cuit d'avance. Mais Rick insista : c'était mieux au comptoir, comme ça, elle ferait vraiment l'expérience d'un véritable dîner à l'américaine.

– Eh ! Salut Bren ! fit Brandon, quand il aperçut sa sœur.

– Tu le connais, ce type ? demanda Rick, un peu perplexe.

– Oui, répondit Brenda, en français.

Il fallait qu'elle réfléchisse à toute allure.

– C'est mon cousin Brandon.

– Alors, Rick, ça boume ? demanda Brandon, en s'approchant.

Brenda se sentait en sécurité, du moins avec son frère. Il allait peut-être la taquiner, mais plus tard. Pour le moment, il jouerait le jeu. En tout cas, il n'avait probablement pas l'intention de ruiner tous ses plans, en le faisant exprès.

Rick lança un coup d'œil alentour, l'air satisfait, et prit le menu.

– Pourquoi tu n'as rien dit, Brenda ? Tu as fait comme si tu n'avais jamais entendu parler de cet endroit.

Brenda réfléchit comme une folle. Elle allait sortir une excuse franchement vaseuse lorsque Nat apparut. Nat était quelqu'un de très bien, mais sa subtilité et son tact n'étaient pas vraiment légendaires. Il était capable de vendre la mèche, avant même de se rendre compte qu'il y avait une mèche !

– *Bonjour, monsieur Nat. C'est mon compagnon Rick,* dit-elle en français.

Nat regarda Brenda dans le blanc de l'œil.

– Salut, Rick ! finit-il par dire.

Il avait l'air de se demander ce qui ne tournait pas rond, mais n'arrivait pas à mettre le doigt dessus.

Heureusement, Brandon vint à la rescousse. Sa sœur n'était pas très convaincante, aujourd'hui.

– Tu te rappelles Brenda, n'est-ce pas, Nat ? Ma cousine ? Celle qui vient de France ? On te l'a présentée l'autre jour.

Nat haussa les épaules. Qu'est-ce qu'ils lui voulaient, tous, à la fin ?

– Oui, je crois, dit-il, en allant se réfugier dans sa cuisine.

Brenda se prit la tête dans les mains. Qu'est-ce qu'elle avait fait pour mériter ça ? Pourquoi ça lui arrivait à elle, d'ailleurs ? Elle en avait assez de s'inquiéter, de se demander à chaque instant qui serait le premier à la trahir.

– Bon, j'en ai marre, dit-elle sèchement. J'abandonne.

Elle pivota sur son tabouret et fit face à Rick.

– Je ne m'appelle absolument pas Brenda Dubois, déclara-t-elle sans aucun accent, français en tout cas. Je ne suis pas parisienne. Mon nom est Brenda Walsh. Je suis née à Minneapolis, dans le Minnesota.

Je suis élève au West Beverly High, et je suis aussi américaine que toi !

Rick la regarda avec de grands yeux. Elle n'en pouvait plus. C'était l'humiliation intégrale. Elle sortit du Peach Pit en courant et resta quelques instants sur le parking, à sautiller sur place, pour se réchauffer.

Elle avait vraiment été débile ! À tel point que ça lui faisait honte d'occuper son corps... Et il fallait encore convaincre Rick qu'elle n'avait pas voulu se moquer de lui, lui faire de peine. Que les choses étaient juste arrivées, comme ça... Et puis il fallait lui présenter des excuses. C'était la moindre des politesses.

Elle retourna au Peach Pit et trouva Rick et Brandon à peu près dans la même attitude que quand elle les avait quittés. Arrêt sur image. Comme si elle avait appuyé sur la télécommande...

– Je suis désolée, Rick, fit-elle. Sincèrement. J'ai du mal à croire que la situation ait pu m'échapper à ce point-là. Je voulais vraiment te révéler la vérité, le premier soir, à Paris. Mais plus je mentais, plus ça devenait difficile... Au bout d'un moment, c'est carrément devenu impossible. J'avais peur que tu te mettes à me détester. Tu me hais maintenant, n'est-ce pas ?

Pour toute réponse, le jeune homme l'attira d'un coup contre lui et l'embrassa sur la bouche. Et puis il la repoussa doucement et lui sourit.

– Ça veut dire que tu ne me détestes pas, alors ? demanda Brenda, toute confuse.

– J'aimais bien Brenda Dubois, répondit Rick. Mais je crois que je suis en train de tomber amoureux de Brenda Walsh.

Brenda se laissa tomber dans ses bras et pleura de soulagement. Il épongea ses larmes avec des serviettes en papier et commanda deux méga hamburgers.

– Les frites sont offertes par la maison ! s'exclama Brandon.

– Tu sais, fit Brenda, c'est beaucoup plus pratique de parler sans avoir à utiliser cet accent débile.

– Je l'aimais bien, pourtant ! dit-il pour la taquiner.

Ils rirent tous les deux.

Les plats arrivèrent et Brenda lui raconta sa vie à Beverly Hills, la vraie. Elle lui nomma ses amis et lui expliqua ce qu'elle faisait de son temps. Évidemment, elle n'avait plus besoin d'une visite guidée de Los Angeles. Elle avait l'air de connaître la ville comme sa poche.

Quand ils eurent fini de dîner, Rick la raccompagna chez elle.

– Tu n'as pas eu un après-midi de tout repos, hein ? demanda Rick.

– Oh, si. Je croyais franchement que ça allait être pire !

Elle était soulagée, mais elle savait bien que les problèmes ne faisaient que commencer. Maintenant que Rick savait qui elle était et qu'il l'aimait encore, ça devenait vraiment de la folie de continuer à le voir.

Ils restèrent quelques instants sur le pas de la porte, à humer le parfum du jasmin qui emplissait l'air. Ils regardèrent le ciel. Comme d'habitude, il était assez couvert et on ne voyait que les étoiles les plus lumineuses. Elle se sentait super bien avec Rick. Tellement bien que ça lui faisait même un peu peur.

– Je t'ai dit qu'il y avait quelqu'un d'autre, tu te rappelles ? demanda Brenda.

– Oui, mais c'était à Paris. Et tu n'avais pas l'air de t'en faire beaucoup à ce sujet.

– J'étais à des milliers de kilomètres d'ici ! expliqua-t-elle. Je me faisais passer pour une autre fille... Maintenant, je ne fais plus semblant.

– Alors, arrête aussi de prétendre qu'il n'y a rien de fort entre nous. Le destin... tu te souviens ?

– Il faut que j'y aille, Rick, dit-elle sans faire aucun mouvement.

– Réfléchis-y, suggéra Rick. Tu crois qu'il y a combien de chances pour que deux personnes comme nous se rencontrent d'abord à Paris et se retrouvent ensuite à Beverly Hills ?

– Une sur des millions.

– Au plus ! Alors, si tu veux laisser passer cette chance extraordinaire, assure-toi que le mec en vaille la peine.

Et elle qui n'était plus sûre de rien du tout ! Comment allait-elle faire ? Il fallait qu'elle reste seule un moment, pour pouvoir réfléchir.

– Mais c'est difficile pour moi, tu comprends...

– Oui, je comprends surtout que tu dois prendre une décision.

– Tu me lances un ultimatum ?

– Non. Mais ça te fait du mal d'hésiter, ça se voit bien. Nous ne pouvons pas vivre dans l'ombre de ce type. Et il ne doit pas avoir très envie de vivre dans la mienne...

– Bon, à bientôt alors... répondit Brenda, presque sèchement.

Elle avait envie de l'embrasser mais, au lieu de cela, elle courut dans sa chambre. Elle s'assit devant le miroir et se rendit compte qu'elle était autant chiffonnée à l'intérieur qu'à l'extérieur. Il fallait à tout prix qu'elle se remaquille. Elle avait un rendez-vous avec Dylan dans moins d'une heure et il ne serait certainement pas très content de voir Frankenstein débarquer chez lui !

Tout à coup, elle pensa que toute cette affaire n'était peut-être pas due au destin mais à une simple coïncidence. La providence était régie par l'univers, et la coïncidence était un simple incident. Toutes les deux, en tout cas, étaient une chance extraordinaire. Elle aimait bien Rick et cette affection méritait peut-être de devenir amour. Elle aimait déjà Dylan – même s'ils ne s'entendaient plus très bien ces derniers temps. Il lui manquerait quand même beaucoup s'il n'était plus là. Rick avait raison sur un point, en tout cas : il fallait qu'elle prenne une décision. Et vite !

Brenda alla chez Dylan. Mais ce n'était pas la peine de se presser. Il était barricadé derrière une énorme machine à écrire et composait laborieusement une lettre pour son jury d'examen. Elle attendit patiemment. Ce n'était pas très passionnant, surtout après avoir vu Rick. Elle ne tenait plus en place.

– Au lieu de te prendre la tête à écrire des lettres d'injures, tu ferais mieux de repasser l'exam. Ça te prendrait moins de temps !

Dylan la regarda d'un air incrédule.

– Et comment tu te sentirais, toi, si on t'accusait de quelque chose que tu n'as pas commis ?

– Je ne sais pas. Mais, en tout cas, je crois que je serais plus réaliste que toi.

– Si, toi aussi, tu te mets contre moi, tu peux partir, je te préviens.

Dylan avait l'air irrité. Ils se chamaillaient pas mal ces derniers temps. Pour tout et pour rien. C'était de plus en plus fréquent. Quelque chose d'important était en jeu, en fait. Il fallait que Dylan le comprenne.

– Bon, O.K., dit-elle. Je vais te laisser seul. Mais tu sais bien que tout ça n'a rien à voir avec l'exam. C'est plus en rapport avec ce qui nous est arrivé à tous les deux, cet été.

– Qu'est-ce que ça signifie ?

Brenda essaya de parler calmement :

– Dylan, tu as déjà compté le nombre de fois où nous avons dit que toutes nos « petites aventures » n'avaient aucune importance ? Je crois qu'elles ne sont pas si anodines que ça, finalement.

Dylan haussa les épaules.

– Bien sûr qu'elles ne le sont pas, sinon on ne s'en serait même pas fait part.

– Mais tu ne m'en as pas parlé parce que tu voulais me mettre au courant. Tu l'as fait parce que tu te sentais coupable. Comme moi, d'ailleurs. Parce que le garçon que j'ai rencontré à Paris vient de faire son apparition à Los Angeles. Et je suis sortie avec lui cet après-midi...

Il eut l'air blessé et étonné à la fois, comme si elle l'avait giflé.

En fait, son affirmation était aussi un ultimatum. Elle voulait le provoquer pour le faire réagir. En espérant que ça lui faciliterait les choses.

– Je t'aime, Dylan, poursuivit-elle. Mais il faut qu'on fasse une pause, sinon ça va vraiment devenir la guerre entre nous.

Elle se tut et le silence envahit la pièce. Puis Dylan se mit à jouer avec le clavier de sa machine, qui émit des petits bruits mécaniques. Tout d'un coup, il s'arrêta et la regarda :

– Et où on va, maintenant ?

– Où on veut.

– C'est vraiment ce que tu veux ?

Oui. D'ailleurs, si elle s'était si facilement accrochée à Rick, ça voulait bien dire que quelque chose ne tournait plus rond entre elle et Dylan.

– Oui, c'est vraiment ce que je veux, répondit Brenda.

– D'accord. Alors, on fait comme ça…

– Mais ne me méprise pas, Dylan. Je t'en supplie.

– Bien sûr que non ! s'exclama-t-il. Je t'aimerai toujours.

Il se leva de sa chaise et elle se jeta contre lui. Ils se serrèrent dans les bras l'un de l'autre. Peut-être pour la dernière fois de leur vie. Elle réalisa qu'elle l'aimait toujours, elle aussi. Pas plus : comme avant. Il était devenu son ami, celui qu'on va voir quand on a besoin de conseil ou de réconfort. Comme Brandon. Un frère… Peut-être qu'il redeviendrait son amant un jour, on ne peut jamais savoir. C'était toujours une possibilité que la providence gardait en réserve. Pour l'instant.

– Allez, Bren. Il faut que tu y ailles.

Il avait raison, mais maintenant qu'elle avait rompu, elle n'avait qu'une envie : rester. Elle redoutait de ne plus jamais le voir.

– Oui, je ferais mieux de partir, dit-elle en restant plantée là.

Dylan lui fit deux bises sur les joues et la raccompagna jusqu'à la porte d'entrée. Ensuite elle ne se souvint plus que d'une chose : elle était debout, sur le seuil, en train de pleurer toutes les larmes de son corps.

Kelly se dit que, décidément, le noir, ça faisait trop triste pour une chambre à coucher. C'était comme d'être enterré vif. Mais il fallait quand même qu'elle fasse des projets, qu'elle organise sa vie. Et peindre sa chambre n'était pas une mauvaise idée, après tout.

Elle se rendit au magasin et examina les couleurs. Il y en avait des millions ! En tout cas, une bonne centaine… Au bout d'une heure, elle restreignit son choix à un joli bleu et un joli vert. Elle espérait simplement qu'ils n'étaient pas *trop* jolis. Elle n'était plus la pouffiasse d'avant, mais elle n'était pas morte pour autant. Elle acheta quelques pots de chaque nuance et tout l'équipement nécessaire.

De retour à la maison, elle décida de suivre une idée qu'elle avait trouvée dans un bouquin de décoration. Elle n'utiliserait pas un pinceau pour peindre, mais une éponge. Elle fit l'expérience avec un peu de bleu et un peu de vert, à un endroit pas trop voyant. Ça rendait super bien, mais elle n'arrivait pas à se décider sur la couleur…

Tout à coup, le téléphone sonna. Elle répondit et entendit Brenda pleurer à l'autre bout du fil.

– On a cassé, avec Dylan, expliqua-t-elle.

Kelly était passablement choquée. D'une part, elle croyait que Brenda et Dylan, c'était pour la vie, et ensuite, elle eut peur que son amie n'ait tout appris… Mais c'était impossible, en y réfléchissant. Brenda avait l'air fatiguée et très malheureuse, mais pas en colère. Et si elle avait su que Kelly et Dylan l'avaient trahie, elle aurait certainement été folle de rage.

– Qu'est-ce qui s'est passé, Bren ?

– Je ne sais pas. C'est un peu arrivé comme ça. Et puis Dylan m'a aussi dit qu'il était sorti avec une autre fille, cet été…

– Qui ça ?

– Je ne sais pas. Et je ne veux pas le savoir. Je m'en fiche complètement. J'ai pas fait mieux que lui, avec Rick… On avait sûrement de bons prétextes pour agir comme ça, chacun de son côté…

– Oui, sûrement, répondit Kelly. Mais tu es sûre que tu n'as pas cassé à cause de Rick ? Sachant qu'il était là à t'attendre…

– Bien sûr que non ! s'exclama Brenda, choquée par cette idée. Je ne veux pas faire de mal à Dylan. C'est quand même un sacré soulagement de se retrouver avec quelqu'un d'autre, de moins taciturne. Toi, tu connais Dylan depuis l'enfance, alors, tu dois comprendre ce que je veux dire.

– Oui, à peu près.

Elle savait que Dylan était un type assez sérieux, mais elle n'aurait jamais dit qu'il était taciturne. S'il prenait cette attitude, c'était peut-être la faute de Brenda...

– Tu vois, continua Brenda, je commençais à en avoir marre de son organisation caritative, de ses examens, qu'il ait triché ou pas... Et puis il est sorti avec quelqu'un dès que j'avais le dos tourné... Ça m'a énervée, vraiment !

Apparemment, Brenda avait mis toutes les raisons de son côté pour casser avec Dylan. Elle était persuadée que c'était la meilleure solution. Kelly se demandait si elle y croyait vraiment, ou si elle faisait juste semblant.

– Mais alors, ça ne te fera rien si Dylan sort avec une autre fille ? Tu es sûre ?

– Kelly, fit Brenda. Si Dylan et moi étions restés ensemble, on serait devenus dingues tous les deux. Et on ne voulait pas se faire de mal, tu comprends ? Alors, il est libre d'aller où bon lui semble et de sortir avec n'importe quelle autre fille. C'est son problème, maintenant, plus le mien.

– C'est bizarre, fit Kelly. Mais je ne sais pas quoi dire.

C'était un peu la vérité. Elle croyait qu'elle n'aurait jamais la chance de pouvoir sortir avec Dylan mais, maintenant, la situation était un peu différente. Tout à coup, ça lui semblait moins urgent de peindre sa chambre.

– Tu es sûre que ça ne te fera rien ? demanda encore Kelly.

– Bien sûr. Sinon je ne l'aurais pas dit !

Quelqu'un frappa à la porte.

– Attends, David ! cria Kelly. Je suis au téléphone.

Elle releva la tête et aperçut Dylan. Il la regardait par l'entrebâillement de la porte. Elle fut tellement étonnée qu'elle ne comprit même pas ce que Brenda lui raconta ensuite.

– Bren, il faut que j'y aille, je suis désolée. David vient d'entrer dans ma chambre, je ne peux plus parler.

Elle raccrocha doucement. Elle n'avait pas encore détourné son regard de Dylan. Les choses allaient si vite, il lui fallait un moment pour se remettre... Mais, compte tenu de ce que Brenda venait de dire, l'arrivée de Dylan, à ce moment précis, n'était pas sans signification.

– Comment es-tu rentré ? demanda-t-elle. Je n'ai pas entendu la sonnette.

– Non. Je ne voulais pas réveiller le bébé, alors j'ai frappé. Ta mère m'a laissé monter.

Cool, la mère. Très cool !

– Et pourquoi es-tu venu ?

– Pour t'aider à peindre, non ?

Il lui fit son sourire en coin, celui qu'elle trouvait tellement adorable...

– Tu es sûr ? Il n'y a pas autre chose ?

– Bon, O.K., répondit-il. Brenda pense qu'on devrait voir d'autres gens, chacun de son côté...

– Oui. Je suis au courant. C'est elle que je viens d'avoir au bout du fil. Et qu'est-ce que tu en penses ?

– Je pense que c'est avec *toi* que je devrais sortir...

– Tu crois vraiment que c'est une bonne idée ?

– C'est la meilleure, en tout cas. Et puis, comme ça, on n'aura plus à se cacher.

Il avait trouvé l'argument pour la convaincre. D'ailleurs, Brenda avait bien dit que Dylan pouvait faire tout ce dont il avait envie. Elle, ça faisait des mois qu'elle était seule... Et les sentiments de

Brenda, ses états d'âmes, elle s'en moquait royalement, maintenant.

– Allez, prends une éponge !

Dylan obéit.

Ils peignirent et discutèrent presque toute la nuit.

14

Le premier à céder

Steve alla chercher Herbert après minuit. Il craignait que le jeune homme n'ait perdu son sang-froid et ne refuse de l'accompagner, comme il l'avait promis. Si ça se produisait, le plan de Steve tomberait à l'eau. Et il serait bien forcé de lui montrer son mécontentement d'une manière ou d'une autre, le lundi, au lycée.

Mais Herbert l'attendait avec impatience. Il était tout de noir vêtu, comme les espions, dans les films.

– Allez, allez, on n'a pas de temps à perdre ! s'exclama-t-il en s'asseyant dans la Corvette de Steve.

Il avait l'air dangereusement excité.

– Eh ! Attends un peu ! C'est pas maintenant qu'il faut s'enfuir ! On n'a encore rien fait de mal !

– Ouais, mais je veux me débarrasser de cette histoire le plus rapidement possible.

Steve approuva et se dirigea vers l'école à toute allure. En fait, il était assez nerveux. Ce n'était quand même pas rien de changer ses notes scolaires. Il n'y aurait jamais songé, s'il n'avait pas été aussi désespéré. Mais les hommes de sa famille étaient tous allés à l'université de Californie depuis des générations, et il ne voulait pas casser la chaîne. Ça aurait vraiment été la honte. Et avec ses notes, ils auraient même probablement refusé de lui donner un dossier. La seule solution qui lui restait, c'était d'améliorer ses notes de manière artificielle.

Ils se garèrent à un pâté de maisons du lycée. Comme ça, personne ne pourrait prétendre avoir vu la Corvette de Steve, devant le bahut, la nuit en question. Ils marchèrent dans l'obscurité. Dans ce silence, chaque pas faisait un bruit du tonnerre. Et ils se jetaient derrière des buissons dès qu'ils entendaient une voiture approcher. On aurait cru des agents doubles. Si l'affaire n'avait pas été aussi grave, ça aurait pu être super marrant...

Steve traversa la cour pour se rendre dans le bâtiment principal. Il se sentait complètement déplacé de se trouver là à une heure pareille. Herbert le suivait de près. Le passe-partout fonctionna de nouveau et ils pénétrèrent à l'intérieur. C'était vraiment magique !

Ça sentait la cire. On aurait dit que des fantômes hantaient les couloirs désolés. Les réverbères émettaient une drôle de lumière et projetaient des ombres bizarres à travers les hautes fenêtres. Steve savait bien qu'il n'y avait aucune raison de s'inquiéter. Mais il avait quand même la chair de poule. Il transpirait comme un fou, et essayait de sauter d'ombre en ombre, sans faire de bruit. Il arriva à la salle des ordinateurs, ouvrit la porte et appela Herbert.

– Dépêche-toi, mec ! Tu n'as jamais vu comment ils faisaient dans les films de James Bond, ou quoi ?

Une fois dans la pièce tant convoitée, ils restèrent figés un instant. Ils tendirent l'oreille. Mais personne ne les avait poursuivis. On entendait même le tic-tac de la grosse pendule qui ornait le mur. Steve se dit que c'était la première fois qu'il le percevait, malgré toutes les années qu'il avait passées à l'école.

– Bon, c'est O.K. On peut y aller.

Herbert s'assit devant l'ordinateur et se mit immédiatement au boulot. La lumière de l'écran lui faisait une tête cadavérique.

– Génial ! murmura-t-il. Le mot de passe fonctionne !

Il pianota un peu sur le clavier et dit :

– Bon, voilà. Dossier *Notes des élèves*. Qu'est-ce que c'est ton nom, en entier ?

– Steven M. Sanders. Comme ça se prononce. Un *e* et pas un *i*, au début de Steven.

– Et le *M*, c'est pour quoi ?

– Laisse tomber, mec.

– Si tu ne veux pas me le dire, l'ordinateur ne répondra plus...

– Bon... C'est pour Morris, espèce de petit salaud ! J'espère pour toi que ça ne va pas faire le tour du bahut. Sinon, je te massacre. Compte sur moi !

– En temps normal, je n'accepte pas qu'on me traite de petit salaud... Mais tu as peur... Je comprends ta réaction.

Steve aspira une grande bouffée d'air. Ce n'était pas le moment d'insulter son partenaire.

– Excuse, Herbert. Continue, maintenant...

Herbert fut surpris par les notes de Steve. Elles étaient franchement mauvaises. Et Steve ne put rien faire contre les sarcasmes du jeune informaticien. Mais, tout à coup, Herbert pianota fébrilement sur le clavier.

– Qu'est-ce qui se passe ?

– J'ai essayé de transformer ton *6* en maths pour un *11*, mais l'écran n'a pas suivi...

Il frappa encore un peu.

– Non, c'est fini. Aucune commande ne répond. Le système est planté.

Steve fut soudain terrifié.

– Tu peux le réparer ?

– Je ne crois pas.

Herbert continua de taper sur le clavier, en vain.
– Il y a peut-être une espèce de virus dans le programme. Ou un système de protection qui se déclenche dès qu'on utilise le code secret. Quoi qu'il en soit, on est dans le caca…
Le visage de Herbert s'assombrit encore plus.
– Quoi encore ? demanda Steve.
– L'écran s'est éteint. Ça ne présage rien de bon, crois-moi. On ferait mieux de se casser. Ça craint trop.
Il se précipita vers la porte et Steve le suivit de près. Il fit cependant bien attention de refermer chaque porte après leur passage. Il s'attendait toujours à entendre une alarme, mais ils regagnèrent la voiture sans encombre.
– Tu crois que quelqu'un nous a vus ? demanda Herbert, tandis que Steve démarrait sur les chapeaux de roues.
– Tu t'inquiètes trop, petit, répondit Steve, en espérant qu'il ne se trompait pas.

Quand Brandon arriva au lycée, le lundi, tout le monde parlait de ça. Quelqu'un avait pénétré dans le lycée durant le week-end et avait effacé un paquet de notes, sur l'ordinateur central. Andréa avait probablement prévu d'écrire tout un papier là-dessus. Alors, avant d'aller au *W.B.B.*, il décida de passer chez madame Teasley.
– Bonjour, madame T. ! dit Brandon.
Elle était en train d'examiner un dossier, dans le bureau. Elle lui jeta à peine un coup d'œil.
– Bonjour, Brandon.
– Qu'est-ce que c'est que cette histoire d'ordinateur piraté ?
– J'imagine que ce n'est pas une question complètement anodine…
– Non. C'est pour le *W.B.B.* Nous avons besoin d'un article.

– Alors, je n'ai aucun commentaire à faire.

– Mais c'est la plus grosse affaire depuis...

– Pas maintenant, s'il te plaît, Brandon. J'ai des choses plus urgentes à faire.

Deux hommes à la tête de croque-mort entrèrent dans le bureau et madame Teasley alla immédiatement à leur rencontre. Ils portaient des costumes sombres à la place d'uniformes, mais ça sentait le flic à plein nez. On l'aurait écrit sur leur front que ça n'aurait pas été plus explicite, se dit Brandon.

Il avait envie d'insister. Mais il était autant élève que reporter, et harceler la principale d'un lycée aurait pu devenir dangereux pour sa carrière scolaire.

Il se rendit donc dans le bureau du *West Beverly Blaze*. Il avait vu Andréa durant le week-end et il savait bien qu'elle serait dans un fauteuil roulant. Mais ça le choquait tout de même de la trouver dans cet état-là. En plus, elle avait des difficultés pour manœuvrer son engin entre deux tables.

– T'as besoin d'un coup de main, chef ?

– Non, je m'en sortirai, répondit Andréa avec détermination.

Elle réussit effectivement à passer. Elle secoua la tête pour reprendre haleine.

– Tu parles d'une frustration. Il y a déjà deux bus qui m'ont refusée, aujourd'hui. Je crois que c'est illégal, d'ailleurs. Après, je suis allée dans une épicerie pour acheter un paquet de chewing-gum et je suis restée coincée dans la porte d'entrée. Vachement pratique le commerce de proximité ! En plus, tout le monde me regarde comme si je débarquais d'une autre planète. Ça va faire du bruit, tout ça. Crois-moi. Il faut à tout prix dénoncer le calvaire des gens à mobilité réduite ! C'est scandaleux !

Brandon comprenait la colère de son amie, mais il ne pouvait pas s'empêcher de sourire en l'entendant. Elle avait toujours une approche tellement *journalistique* de la situation !

– On est tous contents que tu sois revenue parmi nous, Andréa !

– Merci. Mais écoute ! Avant de rédiger un article sur mes petits problèmes, il faut qu'on s'occupe de cette histoire d'ordinateur. On pourrait gagner une récompense, avec ça, tu sais.

– Oui. Mais j'ai déjà essayé d'obtenir des informations. Et madame Teasley m'a répondu : *No comment.*

– Et c'est ça qui t'a arrêté ? demanda Andréa sur un ton méprisant.

Elle roula en direction de la porte, l'ouvrit à toute volée et sortit avant qu'elle n'ait eu le temps de se refermer. C'est-à-dire ultra rapidement.

Andréa se laisse toujours aussi difficilement impressionner, pensa Brandon avec admiration.

Il la suivit dans le bureau de la principale. Madame Teasley était en train de parler aux deux hommes de tout à l'heure. Andréa n'y alla pas par quatre chemins. Brandon n'avait aucune idée de ce qu'elle avait pu lui dire, mais madame Teasley lui parla.

Elle était vraiment incroyable, cette nana ! Brandon ne se lassait pas de la regarder mener son enquête. Mais, soudain, Steve approcha :

– Ça fait vraiment drôle de voir la petite Z. dans un fauteuil roulant.

– Ouais, mais elle va s'en sortir, assura Brandon.

– Ouais, je vois. Elle est déjà dans le feu de l'action, hein ?

– Tel que c'est parti, elle aura probablement trouvé la solution à ce mystère avant les flics !

– Ouais, mais c'est quand même pas *L'Homme de Fer !*

Brandon ne comprenait pas pourquoi son ami prenait ça tellement à cœur.

– En tout cas, elle a déjà le fauteuil roulant. Et elle est déterminée.

Andréa les rejoignit en souriant et en levant le pouce.

– Alors, qui est le coupable ? demanda Brandon.

Andréa jeta un coup d'œil à Steve.

– On en reparlera plus tard, si tu veux bien.

Steve écarta les bras d'un air désespéré.

– S'il te plaît, Andréa. À qui veux-tu que j'aille le raconter, de toute manière ?

– Allez, Andréa, fit Brandon. Steve est de la famille, maintenant. C'est notre mouton noir, mais quand même…

– O.K. Mais c'est purement confidentiel, alors motus, hein ?

Elle n'avait pas l'air très à l'aise.

– On sait déjà le principal. C'est quoi la suite ? fit Brandon, pour l'encourager.

Andréa lança encore un coup d'œil de travers à Steve.

– En fait, il n'y a pas grand-chose. On sait juste que toutes les notes ont été dûment rétablies.

Apparemment, Steve fut soulagé d'entendre cela. Ça étonnait un peu Brandon. S'il avait eu les mêmes notes que lui, il ne se serait pas vraiment réjoui en apprenant la nouvelle.

– Bon, ben c'est tout, alors. Le problème a trouvé sa solution. L'affaire est close…

– Pas exactement, répondit Andréa. Les policiers ont promis qu'ils resteraient sur l'affaire tant qu'ils n'auraient pas arrêté le coupable.

– Ah bon… fit Steve. Je vois…

Apparemment, ça le faisait réfléchir. Mais il dit cependant :

– Bon, allez, j'ai d'autres chats à fouetter.

Et il s'éloigna dans le couloir.

– Ce n'était pas une très bonne idée de laisser filtrer ce genre d'informations, Brandon, dit Andréa.

Le jeune homme haussa les épaules.

– De toute manière, tu vas l'écrire dans le journal, non ?

– Oui, probablement…

– Bon, allez, il faut que j'aille en cours. Je peux faire quelque chose pour toi, avant de partir ?

– À part guérir mes jambes et me révéler le numéro d'immatriculation du salaud qui m'a renversée… non, je n'ai besoin de rien. On se revoit à midi, d'accord ?

Elle fit demi-tour et partit à toute allure.

L'enfer sur roulettes ! pensa Brandon. On pouvait faire plier Andréa, mais jamais on ne réussirait à la casser.

Il alla à son vestiaire et prit les coupures de journaux qu'il avait trouvées pour Dylan. C'était à propos d'un jeune qui avait été accusé, quelques années auparavant, d'avoir triché à ses examens. Il avait fait un procès et s'en était sorti. Alors, s'il y était parvenu, Dylan devait lui aussi tenter sa chance. Ça marcherait, il en était certain.

Il lui donna les coupures et son ami eut l'air très reconnaissant.

– Il faut que j'aille montrer ça à madame Teasley, dit-il. Elle m'a déjà aidé à écrire une lettre d'enfer…

– Ouais, elle est super, cette femme.

– Tu m'étonnes. C'est la seule à comprendre que je n'aie pas envie de courber l'échine devant leurs règlements débiles. Pas comme d'autres, en tout cas. Ta sœur, en particulier…

– Tu veux dire que vous avez rompu à cause de ça ?

Brandon était interloqué. Si c'était réellement le cas, il fallait le noter. C'était la cause de rupture la plus farfelue qui soit.

– Ouais, mais tu sais ce qu'on raconte à propos des vases, et des gouttes qui les font déborder…

– Oui, je crois en avoir entendu parler, avoua Brandon. Bon, écoute, mec. Il faut que j'y aille. Je te souhaite bonne chance avec ces coupures de journaux.

Dylan le regarda partir. Il était heureux d'avoir au moins un bon pote chez les Walsh. Il avait eu des hauts et des bas avec eux, mais comme son père était en prison et que sa mère faisait l'idiote à Hawaii, c'était la seule vraie famille sur qui il pouvait compter.

Kelly apparut au bout du couloir et Dylan la rejoignit pour discuter. Quand elle le vit approcher, elle ne put s'empêcher de jeter des coups d'œil craintifs tout autour d'elle.

– Ce n'est plus la peine de faire attention ! s'écria Dylan. Peu importe que quelqu'un nous voie, maintenant.

Mais Kelly était encore un peu mal à l'aise.

– Je ne veux blesser personne.

– C'est moi que tu vas blesser, si tu continues ! D'ailleurs, tu ne veux pas m'accompagner à l'observatoire, ce soir ?

Il était cool, mais Kelly s'inquiétait encore.

– Faut qu'on le dise à Brenda, fit-elle.

– Dire quoi ? demanda Dylan.

Elle réussissait vraiment à se prendre la tête, quand elle voulait !

Kelly entortilla ses mains et répondit :

– Je suis désolée. Mais je me sens un peu obligée de lui demander l'autorisation, avant de sortir avec toi.

Apparemment, elle se faisait beaucoup de mal pour rien. Brenda était la meilleure amie de Kelly mais Dylan et elle ne sortaient plus ensemble, et son avis n'avait aucune importance. Il fallait essayer de le faire comprendre à Kelly. Sinon, ils ne seraient jamais heureux ensemble.

– Kelly. Tu n'as besoin de l'autorisation que d'une personne : c'est de toi !

Elle hocha la tête, mais Dylan réalisa qu'elle n'était pas encore tout à fait convaincue. Il l'embrassa tendrement sur la joue, lui rappela qu'ils avaient rendez-vous pour ce soir et se rendit au cours de bio.

Pendant longtemps, les sciences naturelles avaient été sa matière préférée. Pas pour ce qu'on y apprenait, mais parce que Brenda était sa partenaire, au labo.

Aujourd'hui, Dylan resta à la porte et observa les étudiants prendre place. Brenda était déjà assise. Il fixait ses cheveux, pour ne pas croiser son regard. Il ne voulait plus rien avoir à faire avec elle. D'ailleurs, Brenda devait ressentir la même chose que lui. Mais le système éducatif moderne les forçait à se retrouver ensemble. Dylan se prépara, mentalement, et alla s'asseoir à côté de la jeune fille.

– Salut, dit-il, sans enthousiasme.

Brenda ne releva même pas la tête.

– Salut. J'ai apporté les radis, pour notre expérience.

Dylan la regarda avec horreur sortir de son sac un joli paquet de radis bien propres.

– Mince ! Il fallait aussi que j'apporte quelque chose, non ?

– Oui. Le chlorure de sodium et tous les autres produits chimiques…

Brenda avait l'air très calme. Mais Dylan savait bien qu'elle était sur le point de piquer une crise d'hystérie. Ça se voyait gros comme une maison : ses mains tremblaient. Il fallait qu'il fasse attention, pour ne pas l'énerver encore plus.

– Désolée, Bren. J'ai pas vraiment la tête sur les épaules, en ce moment.

– En tout cas, ça ne te préoccupe pas de rater cet exam de bio...

– Tu veux changer de partenaire, c'est ça ?

Ce n'était pas vraiment une proposition. Mais Dylan ne savait pas quoi dire.

Brenda sembla un peu se dégonfler.

– Non, ça va. Je suis désolée... As-tu des nouvelles du jury d'examen ?

Toujours en train de faire des gaffes ! Pourtant, Brenda savait bien qu'elle remuait le couteau dans la plaie, en évoquant ce sujet. Mais elle ne pouvait pas s'en empêcher. En l'entendant, Dylan se dit qu'il avait bien fait de la quitter. Ça ne pouvait plus durer comme ça.

– Non, Brenda. Je n'ai aucune nouvelle, répondit-il en essayant de garder son sang-froid. Tu as d'autres questions aussi intéressantes ?

– Oui. Est-ce que tu veux changer de partenaire, pour l'expérience ?

– Non, répondit-il.

Il savait bien que ce n'était pas une très bonne idée de traîner avec elle, même au lycée. Mais il ne voulait pas être le premier à céder. Il résisterait aussi longtemps qu'elle.

L'examen commença. Heureusement, ils réussirent à négocier avec leurs voisins de derrière. Des radis, contre les produits chimiques. Et tout compte fait, l'expérience ne se déroula pas si mal que ça.

15

Endroits délicats

Steve avait du mal à le croire. Il s'était promis de ne jamais revenir au lycée avec une intention malhonnête, qu'il ait le passe-partout ou non. Et pourtant, il était de nouveau là. C'était bizarre de voir autant d'adultes. Il aperçut aussi pas mal de jeunes, mais aucun ne le reconnut. Et personne ne l'arrêta en le voyant passer dans les couloirs.

Le matin même, tout s'était bien passé. Herbert paniquait, mais la police n'avait trouvé absolument aucune piste.

– Écoute, mec. Laisse tomber. Fais comme si de rien n'était ! Dans un ou deux jours, on n'en entendra même plus parler !

– Tu délires, Sanders. C'est considéré comme un délit de pirater un système informatique. Tu peux en prendre pour cinq ans. Au moins !

– Mais parle plus bas ! s'écria Steve en regardant autour de lui.

Madame Teasley et deux types en costume sombre étaient en train de discuter, à l'autre bout du couloir. À cette distance, ils ne pouvaient pas les entendre. Ce n'était cependant pas la peine de prendre trop de risques non plus.

– Tu parles d'un informaticien ! continua Steve.

– Mais comment je pouvais savoir que le système allait se bloquer, moi ? demanda Herbert. Tu vas me tuer, hein ?

– Non. Et tu ne te feras pas prendre. Moi non plus, d'ailleurs. C'est comme ça que les choses vont se passer. Alors on reste cools. D'accord ?

Herbert avait l'air de pas mal se débrouiller, pour le moment, mais il faudrait le surveiller de près. Il n'avait aucune expérience de ce genre de choses et il pouvait craquer à chaque instant.

Andréa ne perdait pas de temps : elle mettait son nez partout. *Les gens avaient le droit de savoir !* C'était sa devise. Elle alla de nouveau rencontrer madame Teasley et les deux policiers en civil. Elle les obligea à lui raconter ce qui se passait.

Steve se demandait comment elle s'y était prise. Elle devait avoir quelque chose, dans la personnalité… Elle n'avait pas appris grand-chose, en fait. Sauf que les flics ne laisseraient pas tomber tant qu'ils n'auraient pas un suspect. Steve se rassurait en se disant qu'ils arrêteraient peut-être un innocent. Mais c'était peu probable.

Et puis il s'était rendu compte que monsieur Hutchins l'espionnait tout le temps. Hutch était le concierge. Ce n'était pas un crime en soi, sauf qu'il était un peu vulgaire… Steve ne l'avait jamais porté dans son cœur. C'était un gros lard qui déambulait dans les couloirs comme un ours. Il avait toujours les joues rouges et ne portait que des habits gris. Il aimait bien mater les filles qui passaient. Mais il n'était quand même pas stupide au point de leur proposer quoi que ce soit.

Hutch venait de passer à côté de lui et de lui glisser un morceau de papier dans la main. Ça disait : *Ce soir. Sept heures. Dans mon bureau. Viens, si tu ne veux pas t'attirer d'ennuis.*

Steve n'aimait pas les menaces, mais Hutch était peut-être au courant de quelque chose. Dans l'affirmative, il saurait le faire taire. Dans le cas contraire, il savait aussi comment s'en sortir.

Il descendit les escaliers qui menaient au sous-sol. Là se trouvait la salle des machines, le bureau de Hutch. La porte était fermée, bien entendu. Steve frappa. Quelqu'un regarda à travers le judas. Un instant plus tard, le verrou était repoussé et Hutch souhaitait la bienvenue à Steve.

Il faisait assez chaud et il y avait des ombres bizarres partout. Ça sentait la chaleur et les produits chimiques. Une lumière bleuâtre tombait du plafond, tandis qu'une ampoule éclairait le bureau sur lequel étaient posés des magazines porno. La lampe était toute bariolée. Elle aurait été plus à sa place sur une table de nuit. À côté du bureau, il y avait une armoire à clefs plus ou moins garnie. Quelque chose sifflait, comme si de la vapeur s'en échappait. C'était probablement le cas...

Hutch s'assit à son bureau et farfouilla dans ses revues, comme s'il en cherchait une en particulier. Puis il les rangea subitement en un seul tas bien net et le jeta par terre.

Rien que d'être là, ça mettait Steve en colère. En plus, il commençait à en avoir assez de cette atmosphère bizarre et des petites plaisanteries de son hôte. Il n'aimait pas qu'on le prenne pour un idiot. En tout cas, ce n'était pas son jeu de rôle préféré. Il expédia le morceau de papier sur le bureau.

– Vous avez oublié d'écrire : *Dis-leur que c'est Joe qui t'envoie !*

Hutch ricana.

– Elle est bien bonne celle-là ! J'y avais pas pensé !

– Bon. Qu'est-ce que vous voulez, à la fin ?

– Je vais t'expliquer mon business, petit.

Il prononçait vraiment *bu-zi-nesse*, l'idiot !

– J'imagine que tu as entendu parler de cette histoire d'ordinateurs…

– Ah bon ? Vous imaginez ?

Hutch s'appuya contre le dossier de son fauteuil, posa ses grosses mains sur son gros ventre, et se roula grossièrement les pouces.

– En fait, je détiens une information qui ne laisserait pas la police indifférente, si elle l'apprenait. Un jeune homme blond a pénétré dans mon bureau, il y a un mois, et m'a dérobé mon passe-partout. Il l'a pris dans la petite armoire à clefs que tu vois, juste là !

Tout ça, c'étaient que des bobards ! Hutch n'avait aucune preuve… seulement un pressentiment malveillant.

– Bon, d'accord, j'irai le trouver, votre jeune homme blond. Et le gentil concierge arrêtera de faire toutes ces histoires, quand on lui donnera un joli portrait de Benjamin Franklin. N'est-ce pas ?

– Tu marques un point, là, petit.

Hutch continuait à sourire. Ça n'avait pas l'air de trop le déranger de se laisser corrompre.

– Mais tu sais bien que c'est ma parole contre la tienne. Et moi, j'ai quinze ans de plus que toi. Je porte une cravate pour travailler. Tu penses qu'ils croiront qui, si je leur raconte ce que je sais ?

Steve se dit qu'il était dans un foutu pétrin. Il s'en rendait bien compte, maintenant. D'ailleurs, il n'avait pas trop la réputation d'être un individu digne de confiance, à l'école. En plus, Hutch était effectivement un adulte. C'était peut-être une mauvaise excuse, pour certains, mais les adultes avaient tendance à toujours se serrer les coudes, à moins que le contraire ne les arrange.

Steve sortit son portefeuille et chercha un autre portrait de leur ami Franklin – un billet de cent dollars. Il chercha doucement, en espérant que ça émoustillerait un peu Hutch. Mais il ne s'impatientait pas. Comme s'il avait tout le temps. Ça énervait Steve de le voir aussi relax. Il finit quand même par choisir un billet et le jeta sur le bureau.

– Est ce que ça suffira pour calmer votre ardeur à parler à la police ? demanda-t-il avec tout le mépris dont il était capable.

Pour lui, un maître chanteur était la pire espèce d'hommes. Même les balayeurs avaient plus d'amour-propre et de fierté.

Hutch saisit le billet et le plia en deux dans le sens de la longueur.

– Ah, je vois que tu comprends bien ce que c'est, le business !

Bu-zi-nesse !

– Vous en avez d'autres, comme ça ?

– Non, pas pour le moment, en tout cas. Je suis heureux de t'avoir rencontré, petit. Viens quand tu veux, tu seras toujours le bienvenu.

Steve détestait cet endroit. Il haïssait Hutch. Il se dégoûtait lui-même. Il quitta la salle des machines précipitamment et regagna sa voiture. Il essaya de se convaincre que Hutchins n'était qu'un inconvénient mineur. Et cent dollars, c'était pas cher payé pour se faire ôter quelque chose de délicat, qui vous empoisonnait la vie. Lui et Herbert n'avaient toujours pas de quoi s'inquiéter.

Brenda se préparait pour aller à son rendez-vous avec Rick. Elle se sentait un peu coupable d'aller voir un autre garçon que Dylan, mais pas assez pour retourner vers lui. Du moins, pas tant que Rick serait dans les parages. Ce garçon avait toutes les qualités de Dylan et en plus il n'était jamais taciturne. Il semblait bien équilibré. Et ça serait plus facile, maintenant qu'elle n'avait plus à parler avec un accent français.

– Oh, mademoiselle Brenda ! s'exclama tout à coup Brandon, dans la langue de Molière, mais pas vraiment avec le même accent. Je crois que monsieur Rick est arrivé !

– Arrête, Brandon. Je descends tout de suite !

Elle se mit une touche de parfum derrière chaque oreille, regarda si rien ne clochait dans le miroir et quitta sa chambre. Elle marcha le long du couloir et resta debout quelques instants en haut des escaliers. Elle était heureuse. En bas, sa famille discutait avec Rick. Ça aussi, c'était bien. Avec Dylan, ils ne trouvaient jamais rien à dire, sauf quand il s'agissait de lui faire des reproches. À propos de quelque chose qu'il avait effectivement fait ou de quelque chose qu'ils avaient purement et simplement imaginé...

– Je ne supporterai jamais plus les hivers du Wisconsin, déclara Rick.

– Eh ben, tu tombes bien !

– Nous sommes des réfugiés du Minnesota, avoua monsieur Walsh.

– Je sais, Brenda me l'a dit.

Ça, c'était un appel. Et ça ferait un super enchaînement. Elle décida donc de descendre les marches.

– Qu'est-ce que Brenda t'a dit ? demanda-t-elle.

Rick était super mignon dans sa veste sport et son pantalon un peu bouffant. Brandon et ses parents souriaient de toutes leurs dents. Cette soirée allait être un succès phénoménal. Elle le sentait.

– T'es vraiment sensas, comme ça ! s'exclama Rick.

Il fit une petite révérence et lui tendit un bouquet de roses.

Dylan lui avait-il déjà apporté des fleurs ? Elle ne s'en souvenait pas, en tout cas. Elle demanda à sa mère de s'occuper du bouquet. Madame Walsh les prit mais ne fit aucun mouvement. Elle avait l'air complètement magnétisée par Rick.

– Alors, qu'est-ce qu'elle t'a raconté, Brenda ? demanda Brenda.

– Rick vient de nous expliquer qu'il avait dit adieu aux hivers rigoureux, expliqua Brandon.

– En fait, je n'ai pas exactement décidé de m'exiler à cause des conditions météo. Il y a aussi que l'université de Californie a un des meilleurs départements d'études économiques de tout le pays.

– Mais je croyais que tu étais écrivain ! s'exclama Brenda.

– Et toi, tu m'as affirmé que tu étais française...

La jeune fille rit de bon cœur, mais elle était quand même un peu gênée. Rick était tellement chouette !

– J'ai un excellent ami qui est professeur à l'U.C.L.A. Un jour, il m'a demandé de donner une conférence sur les réductions d'impôts.

Tout à coup, Rick eut l'air très excité.

– Eh ! Attendez une minute, dit-il sur un ton incrédule. Vous ne seriez pas Jim Walsh, par hasard ? Celui qui a écrit « Les derniers trucs, et les plus croustillants, pour réduire vos impôts en toute impunité » dans *le Monde des Affaires* ?

– Oui. C'est bien moi le coupable. Je dois l'avouer à présent, répondit monsieur Walsh, apparemment très heureux et très fier de lui.

– Alors, je suis vraiment honoré de faire votre connaissance, dit Rick en lui prenant la main et en la secouant énergiquement.

– Tu l'as rendu heureux pour le reste de la soirée, dit Brandon en riant.

– Pour le reste de ses jours ! ajouta madame Walsh.

– Est-ce qu'on peut y aller, maintenant ? demanda Brenda.

Elle craignait effectivement que sa sortie ne se transforme en un cours d'économie. Très réjouissant comme programme pour sa soirée avec Rick !

Monsieur Walsh fit alors quelque chose qu'il n'avait jamais fait avec Dylan, surtout la première fois qu'ils s'étaient rencontrés. Il invita Rick à venir dîner, un de ces soirs. Pour faire plus ample connaissance. Madame Walsh avait l'air aussi ravie que son mari.

– Ce sera un grand plaisir, répondit Rick. Qu'est-ce que tu en penses, Brenda ?

– Ouais, c'est une idée géniale ! répondit-elle.

Mais elle le sentait mal. Elle ne savait pas trop pourquoi. C'était un peu étrange de voir ses parents aussi enthousiastes envers un de ses copains. S'ils l'acceptaient aussi facilement, ça devait cacher quelque chose. Mais quoi ? Elle rit en se disant qu'elle était vraiment stupide. Tout était parfait, chez Rick. C'était un mec super. Et ses parents n'étaient pas restés indifférents. Voilà tout.

Rick l'emmena de nouveau au Peach Pit, et cette fois-ci elle n'avait plus rien à cacher. Nat fut enchanté de revoir Rick, et le jeune homme la surprit en se rappelant exactement ce qu'elle avait commandé la dernière fois qu'ils étaient venus.

– J'adore vraiment cet endroit, dit-il en attendant qu'on les serve.

– Ouais. C'est super. La nourriture est excellente, la musique est géniale et Nat est vraiment un super patron !

Elle était tout à fait à son aise, maintenant.

– Le mieux, c'est que c'est un peu *notre* endroit, à tous les deux.

Tout à coup, Brenda se sentit gênée. Comment ça pouvait être *leur endroit, à tous les deux* ? Ça avait toujours été là qu'elle retrouvait Dylan. Et même si elle ne sortait plus avec lui, elle aurait toujours l'impression qu'il était là, à regarder par-dessus son épaule.

– On pourrait peut-être aller autre part, suggéra-t-elle.

Rick sembla embarrassé.

– Qu'est-ce que j'ai dit de mal ? demanda-t-il.

– Rien ! C'est pas ça le problème !

Elle chercha une façon de lui présenter les choses sans passer pour une idiote.

– C'est juste que ça ne peut pas être notre resto, à tous les deux. Mon frère travaille ici, tous mes amis traînent dans ce lieu...

– Et tu as peur de tomber nez à nez avec ton ex, l'interrompit Rick.

– Eh bien, je...

– Je ne critique pas du tout, répondit le garçon. Je comprends tout à fait. Tu étais avec lui, et maintenant, tu es avec moi. Et ce n'est pas facile d'accepter que tu vas bientôt m'épouser et porter mes cinq enfants.

Brenda se dit que les choses allaient un peu vite, mais elle ne put s'empêcher de rire.

– Combien d'enfants as-tu dit ? demanda-t-elle, incrédule.

Rick n'eut pas le temps de répondre : Donna venait de rentrer avec David. Brenda fit les présentations, mais après ils ne trouvèrent rien à se dire. Ils restaient là, à sourire bêtement. Brenda se rendait bien compte qu'elle se marginalisait de ses amis, en restant avec Rick.

– Tiens, je vais aller mettre quelques pièces dans le juke-box, dit Donna, pour rompre le silence.

– C'est super ! fit David, apparemment soulagé d'avoir trouvé un prétexte pour s'éloigner. D'autant plus que j'ai des tonnes de monnaie dans les poches ! J'ai été super content de te rencontrer...

– Moi aussi, répondit Rick.

Donna et David allèrent à l'autre bout de la pièce et se concentrèrent sur le juke-box. Brenda voyait bien que cette histoire ne tenait plus debout. Et elle espérait que Rick s'en rendait aussi compte.

– T'as raison. On ferait peut-être mieux d'aller autre part, dit-il.

– O.K., fit Brenda.

16

Et encore patatras !

Andréa avait besoin de sortir un peu, alors Steve l'emmena au Peach Pit. Charger et décharger un fauteuil roulant, même plié, dans une Corvette faisait à peu près autant transpirer que courir un cent mètres, mais ce n'était pas impossible. Andréa avait l'air heureuse d'être avec Steve. Elle lui suggéra même de devenir assistant de l'infirmière, au lycée. La simple idée de travailler là-bas le faisait frissonner des pieds à la tête.

Steve réalisait qu'Andréa serait sa meilleure source d'informations sur l'enquête en cours. En plus, ça ne lui ferait pas de mal de se montrer en public avec quelqu'un qui souffrait, qu'il fallait aider. Sa réputation en avait besoin. D'ailleurs, il agissait tout naturellement, sans se forcer, car il aimait bien être avec Andréa. En d'autres termes, il avait plein de bonnes raisons pour rester avec elle.

Ils eurent du mal à passer par l'étroite porte du Peach Pit, mais une fois à l'intérieur ils étaient très contents.

Nat arriva en s'essuyant les mains dans un torchon :

– Alors, comment ça va ? s'exclama-t-il. Et bienvenue parmi nous !

– Ça va mieux depuis que Steve est devenu mon chauffeur officiel, répondit Andréa.

– Je ferais n'importe quoi pour obtenir les places de parking réservées aux handicapés !

Il rit pour montrer qu'il plaisantait, et les autres se joignirent à lui. Il n'avait pas que des raisons très louables d'aider Andréa, mais ça lui plaisait quand même. Il devrait plus souvent donner un coup de main aux gens. Être moins égoïste. Mon Dieu ! Il devenait vraiment mou avec l'âge !

– Pour fêter ton retour, annonça Nat, tout ce que tu commanderas sera offert par la maison.

– Je devrais peut-être me faire renverser plus souvent, alors ! s'exclama Andréa.

Mais personne ne trouva ça drôle. Pas même elle, d'ailleurs. Steve mit fin à ce silence embarrassé en conduisant Andréa à une table et en s'asseyant à côté d'elle.

– Tu sais, si tu veux obtenir des indices sur ton chauffeur fou, tu n'as qu'à proposer une récompense.

– Ouais, c'est une super idée. Je casserai ma tirelire en forme de cochon... et j'irai super loin avec ce qu'elle contient !

– Non, c'est pas ce que je veux dire. Mais moi, je serai super heureux de mettre au bout, si t'en as besoin.

Andréa sembla émue.

– C'est très généreux de ta part, Steve, et ça vaudrait peut-être le coup d'essayer. Ils vont faire la même chose, au bahut, pour éclaircir cette histoire d'ordinateur. Ils proposent deux cent cinquante dollars pour tout renseignement. Aucune question ne sera posée.

Cette révélation glaça le sang de Steve. Il était persuadé que personne ne l'avait vu près du lycée, la nuit en question. Mais deux cent cinquante dollars, c'était suffisant pour réactiver les mémoires un peu endormies. Ça pourrait même causer une crise d'amnésie à monsieur Hutchins : il était capable d'oublier le petit marché qu'il avait conclu avec Steve, contre cent dollars.

– C'est une idée débile.

– Mais tu viens de me la suggérer pour le délit de fuite, lui rappela Andréa.

– Oui, mais c'est complètement différent, répondit Steve, en cherchant comme un fou pourquoi c'était tellement différent.

– Pourquoi ? demanda Andréa.

– Ben, tu sais bien comment c'est, les gamins… Ils sont capables d'inventer n'importe quoi pour mettre la main sur le fric.

Il fit une petite pause pour voir s'il avait réussi à convaincre Andréa.

Elle soupira.

– Ouais. T'as peut-être raison, répondit-elle. De toute manière, le flic qui est chargé de l'enquête m'a dit qu'ils n'avaient absolument aucune piste et qu'ils étaient de plus en plus froids.

– Pas de bol, fit Steve en secouant la tête.

Lui et Herbert allaient peut-être s'en sortir, finalement.

– Mais, continua Andréa, ce flic est vraiment négatif, comme mec. Après tout, ils savent au moins que personne n'a pénétré dans le lycée par effraction.

– Pardon ? demanda Steve.

Il en avait assez de jouer à ce petit jeu. Mais il n'avait pas vraiment le choix.

– Personne n'est entré par effraction, continua Andréa. Rien n'a été cassé. Ça veut dire que la personne qui a piraté les ordinateurs est restée cachée dans le bâtiment après la fermeture, ou bien alors elle avait une clef.

Ils réfléchirent tous les deux quelques instants. Ce n'était pas vraiment un indice capital, selon Steve. Sauf si quelqu'un faisait le rapprochement entre lui et le passe-partout… En attendant, il était encore libre. Et finalement, ce serait peut-être une bonne idée de rendre une petite visite de courtoisie à monsieur Hutchins. C'était le maillon le plus faible de la chaîne, il fallait être vigilant.

– Comment il s'appelle, le garçon que tu parraines, au bahut ? demanda Andréa.

Steve fut très choqué en entendant cette question. Andréa avait-elle parlé à Hutchins ? Avait-elle découvert un indice à la Columbo, un truc que personne n'avait vu avant elle ?

– Il s'appelle Herbert, pourquoi ?

– Parce qu'il est là-bas, fit Andréa, sans se rendre compte de la frayeur qu'elle avait causée à son ami.

Herbert s'approcha d'eux. Il avait l'air très inquiet. Steve sourit à Andréa :

– Ah ! Ces jeunes ! Ils ont toujours besoin d'un conseil de la part de leurs aînés !

Il se leva et attira Herbert un peu à l'écart.

– Steve, il faut que je te parle, fit Herbert, toujours aussi coincé.

– J'ai pas les mains libres, en ce moment, comme tu peux le voir. Est-ce qu'on peut se revoir plus tard ?

– C'est grave.

Steve jeta un coup d'œil à Andréa. Elle était en train de lire le menu et n'avait pas du tout l'air de prêter attention à leur petite conversation.

– Bon, vas-y, alors.

– Ils vont interroger chaque élève de mon cours d'informatique.

C'était inévitable, se dit Steve. Il fallait pourtant que Herbert reste calme. Plus que jamais.

– Herbert, répondit-il, c'est que du bluff. Ils n'ont aucun indice mais essaient de faire peur aux gens pour en obtenir. Alors, reste ferme et tout ira bien. Ne cède surtout pas.

– Je ne peux pas, répondit Herbert.

– Tu ne peux pas quoi ?

– Mentir. Je ne sais pas.

Le sens moral de Herbert allait poser problème.

– T'as intérêt à apprendre, mon vieux, et rapidement, avec ça ! Sinon, on va se faire massacrer !

Steve laissa Herbert encore plus inquiet qu'il ne l'avait trouvé. D'ailleurs, il n'était pas très à l'aise lui même. S'il avait été chargé de l'enquête, il aurait interrogé tous les apprentis informaticiens depuis belle lurette ! En tout cas, ça ne lui plaisait pas de dépendre du jeune garçon. Dans un sens, il était beaucoup plus dangereux que monsieur Hutchins, parce qu'il ne se laisserait pas corrompre. On ne pouvait pas l'acheter, ni avec de l'argent, ni avec autre chose. Steve ne voyait pas de solution au problème, à part la violence. Mais comme il ne souhaitait pas arriver à cette extrémité, pas encore, en tout cas, il continuait d'encourager le jeune homme à rester ferme et courageux.

Steve retourna à la table en souriant et en secouant la tête.

– Herbert a des super problèmes avec les nanas, confia-t-il. En fait, son plus gros problème, c'est qu'il aimerait bien s'en trouver une !

– Ah ! Ces jeunes ! soupira Andréa.

Oui, c'est vraiment pas ce qu'on pense, se dit Steve. Vraiment pas !

Dylan alla chercher Kelly en voiture. Ils se garèrent tout en haut du Griffith Park, près du planétarium de l'observatoire. C'était une salle ronde, immense, avec un plafond en forme de dôme. Au milieu se trouvait toute une machinerie surmontée d'une espèce de cloche muette percée de centaines de petits trous. Ça ressemblait à un char de guerre, d'une autre planète. Mais l'opérateur pouvait s'en servir pour faire croire à la nuit, quels que soient l'heure et le lieu où il se trouvait.

Cette pièce avait toujours impressionné Dylan, surtout la première fois qu'il l'avait visitée, en cinquième. L'effet produit était pourtant toujours aussi vif, bien qu'il soit maintenant étudiant en dernière année...

Il était assis à côté de Kelly, ça le rendait heureux. Jamais il n'aurait songé emmener Brenda ici. Ça ne lui aurait pas plu. Tandis que Kelly avait l'air d'apprécier. Elle avait les yeux grands ouverts et regardait tout autour d'un air fasciné.

– Tu te rappelles, quand on était venus ici, en cinquième ? Tu étais assise à côté de Kenny Biller, fit Dylan.

– Tu te souviens de ça ? demanda Kelly, très étonnée.

– Tu parles ! Tout le monde attendait de voir si Kenny aurait le culot de sortir avec toi devant toute la classe.

Kelly secoua la tête en se rappelant les événements de cette fameuse journée.

– Il était tellement timide, ce garçon. Il a attendu deux mois avant de me prendre par la main. Et toi... tu n'étais pas assis à côté de Deena Gornick, par hasard ? demanda-t-elle.

Wow, Deena Gornick ! Elle était vraiment géniale, cette nana ! Ça faisait des années que Dylan ne l'avait pas revue. Elle et sa famille avaient déménagé dans l'est du pays. Mais c'était déjà une femme, à l'époque !

– Deena était... très en avance pour son âge, dit-il, encore sous le charme.

Kelly lui pinça l'épaule et rit.

Les lumières s'éteignirent lentement, tandis que de la musique sortait de nulle part. Le plafond en forme de dôme s'illumina bientôt d'une multitude d'étoiles. C'était merveilleux. On voyait rarement ça, à Los Angeles, car le ciel était très fréquemment couvert. Dylan eut l'impression de se détacher de son corps. Son esprit flottait parmi les étoiles.

Un astronome commença à parler de la place de l'être humain dans l'univers.

– J'ai l'impression que c'est exactement le même discours que la dernière fois que je suis venue, murmura Kelly.

Comme elle n'arrêtait pas de parler du collège, ça donna une idée bizarre à Dylan :

– Aïe ! s'exclama-t-il. Je crois que nous sommes prisonnier d'un piège temporel ! Spok ! Je vous en prie ! Libérez-nous !

Il secoua le bras de la jeune fille.

– Chut ! Madame Simpkus va finir par nous entendre et elle va nous donner des lignes à copier !

– Je m'en fiche ! Elle peut même nous envoyer chez le directeur, si elle veut. Si toi, tu es capable de le supporter, eh ben moi aussi !

Ils regardèrent et écoutèrent le spectacle pendant un petit moment. Ça faisait longtemps que Dylan ne s'était pas senti aussi bien, aussi détendu. En tout cas, pas depuis le retour de Brenda de Paris.

– Et toi, murmura Kelly, tu aurais le courage de sortir avec moi devant toute la classe ?

Dylan passa son bras autour de ses épaules et l'embrassa dans le cou. Elle était chaude et sentait super bon. Ils s'embrassèrent longuement et ratèrent quelques minutes du show. Dylan avait envie de partir, de se retrouver seul avec elle, dans un endroit sans personne. Mais il avait aussi envie de voir le reste du spectacle. Ça serait magique. Cette nuit serait magique...

Dylan s'impatientait de plus en plus, tandis que l'astronome leur parlait du ciel nocturne et des planètes. Il avait l'impression qu'une bonne nuit s'était écoulée depuis qu'il avait mis les pieds dans cette salle. Il ôta son bras de l'épaule de Kelly et s'étira.

– Pas mal, hein ? demanda-t-elle.

– Ouais. Mais, vers la moitié, j'avais envie que ça se termine. Je voulais rester seul avec toi...

– Pas avant la moitié du spectacle ? Ah bon. Je suis déçue, fit-elle pour plaisanter.

– Oui, mais je suis parfois un peu lent pour ce genre de choses.

Ils sortirent bras dessus, bras dessous et se promenèrent un petit peu autour du bâtiment. La ville, à leurs pieds, ressemblait à une grille lumineuse qui partait de la terre pour plonger dans l'Océan. Dans le ciel, des avions attendaient l'autorisation d'atterrir sur l'aéroport de Los Angeles, un des plus grands du monde. Le vent soufflait. C'étaient même les vents Santa Ana, qui venaient du désert et rendaient la nuit douce et chaude. Le ciel était presque aussi clair que dans le planétarium. Dylan se sentait en pleine forme. Il aurait combattu avec des géants, si on le lui avait demandé. Kelly s'appuya contre une rambarde et sourit à la ville lumineuse.

– *C'était un de ces vents de Santa Ana, chaud et sec, qui descendait de la montagne par les petits sentiers, venait ébouriffer les cheveux des femmes, titiller les nerfs des hommes et assécher la peau des vieux,* cita Dylan. *Tout pouvait arriver.*

– Qu'est-ce que c'est que ça ? demanda Kelly.

– Raymond Chandler. *Le Vent rouge.* Il parlait d'une nuit comme celle-là.

– Tu lis trop, fit Kelly en riant.

– Et qu'est-ce que tu veux faire quand ta copine est partie pour la France ? expliqua Dylan.

Mais il regretta immédiatement ses paroles. Kelly fronçait les sourcils. Il avait fait une grosse gaffe.

– Tu sais quand c'est le mieux de venir ici ? demanda-t-il, pour changer de sujet. C'est quand tu es en colère contre la vie et que tu n'arrives plus bien à voir les choses objectivement.

Kelly hocha la tête. Elle avait peut-être compris ce qu'il voulait dire, ou alors elle l'encourageait à continuer...

Les nuits comme celle-là le rendaient philosophe. Il s'imaginait sur une scène, en train de déclamer des vers à un public invisible, assis dans l'air, au-delà du planétarium, près de la montagne.

– Quand tu regardes les étoiles et que tu baisses les yeux vers la ville, tu te rends compte que tu n'es pas le centre de l'univers. Le monde a plein de soucis, encore pires que les tiens. Toutes ces histoires de jury d'examens et l'hypocrisie qui les accompagne... ça perd toute signification, ça devient même vraiment risible.

Kelly hocha de nouveau la tête, mais elle ne dit rien pendant un long moment. Elle comprenait sûrement ce qu'il voulait dire mais, même dans le cas contraire, ça n'avait aucune importance. En fait, Dylan parlait autant pour lui que pour elle. Ça lui faisait plaisir d'être là, à côté d'elle, son épaule contre la sienne, à regarder les lumières. Ce n'était même plus la peine de parler.

– Tu sais ce qui me dégoûte le plus ? demanda-t-elle subitement.

– Non, Kel. Mais tu vas me le dire.

– Ouais. C'est que parfois, tu rencontres des gens. Ils se font une image de toi, ils prétendent te connaître et tu ne peux plus rien faire pour changer leur opinion sur toi. C'est sans appel. C'est à se demander si c'est la peine d'essayer de changer, d'ailleurs...

Dylan comprenait bien à quoi elle faisait allusion. Aux yeux de certains, Kelly serait toujours la pouffiasse et lui le voyou, tellement mystérieux... C'était débile, mais on ne pouvait pas transformer l'univers aussi facilement. Tout ce qu'on pouvait faire, c'était se changer soi-même.

Il prit Kelly dans ses bras. Il ne pensait même pas à faire l'amour. Il avait juste envie de la réconforter, comme un enfant qui souffrait :

– On ne serait pas là, tous les deux, si on pensait vraiment que ça ne sert à rien d'essayer de faire mieux.

Elle hocha la tête et ferma les yeux. Apparemment, elle avait envie qu'il l'embrasse, et Dylan n'avait pas l'intention de la décevoir. Le vent chaud qui les caressait rendait leur baiser encore plus intense. Dylan perdit complètement la notion du temps.

Au bout d'un moment, Kelly le repoussa doucement.

– Faut peut-être pas précipiter les choses, dit-elle.

– Mais Kel ! Ça fait depuis la maternelle qu'on se connaît ! J'ai pas vraiment l'impression de brûler les étapes ! Et je ne vois pas comment on pourrait faire plus lent !

Elle sourit.

– Si, moi, je vois ! Je meurs de faim. Alors, on va manger, et on étudiera le problème après !

Il l'embrassa sur le bout du nez.

– Ouais, c'est une bonne idée !

Ils descendirent la montagne en voiture et retournèrent au centre-ville, dans la plaine. Ils allèrent dîner chez Enyart, un restaurant un peu trop chic pour Dylan. Le décor rustique était un peu lourd, mais les plats servis étaient excellents.

Le vent rouge tambourinait contre les vitres...

Kelly resta ferme et ne commanda pas de dessert. Mais Dylan ne put s'empêcher de prendre la mousse au chocolat. Il appréciait beaucoup les efforts de Kelly. Il aimait les filles minces, comme tout un chacun, mais aussi les gens qui avaient du caractère. C'était la première fois qu'ils sortaient officiellement ensemble, et il voulait que cette soirée soit mémorable.

Alors, quand la mousse arriva, il décida de la manger très doucement, pour en savourer chaque cuillerée. Il montrait son plaisir sans se refréner, comme s'il faisait une pub pour la télévision. Kelly essaya de ne pas le regarder, mais elle ne pouvait pas se retenir. Dylan admit que chaque cuillerée devait contenir des milliards de calories, mais il s'en moquait pas mal. Au bout d'un moment, Kelly n'y tint plus et demanda à goûter. Dylan lui tendit la cuiller et Kelly roula les yeux tellement c'était bon. Elle en redemanda. Dylan la regardait avec amusement finir le peu de mousse qui restait dans la coupelle. Elle avait l'air d'y prendre tellement de plaisir !

Elle jeta la cuiller sur la table et s'appuya contre le dossier de sa chaise.

– La prochaine fois, c'est moi qui t'invite !

– Oh ! fit Dylan, pourquoi toujours penser à la prochaine fois ?

– Tu veux qu'on s'arrête là ?

– Non, mais j'apprécie le moment présent !

– Et qu'est-ce que tu en penses ?

Elle faisait l'innocente. Mais elle savait très bien à quoi il pensait, elle n'était pas aussi stupide.

– Je pense que tu es super belle. Et que j'aimerais bien qu'il y ait beaucoup moins de gens autour de nous.

– Et qu'est-ce que tu ferais, s'ils n'étaient pas tous là ? demanda-t-elle, d'un air faussement ingénu.

La table était tellement large qu'il faudrait avoir recours à des figures acrobatiques très compliquées pour accomplir ce qu'il avait en tête. D'ailleurs, il fallait qu'il se soulève un peu pour embrasser le bout de ses doigts et ses poignets. Mais il n'irait pas plus loin, à moins de monter à quatre pattes sur la table.

– Reste avec moi, cette nuit, Kelly.

Ses yeux brillaient, à la lumière du chandelier. Elle avait l'air très détendue, très heureuse.

– O.K. Sortons d'ici ! s'exclama-t-elle.

Ils se dirigèrent vers la porte. Un serveur était en train de raccompagner un autre couple. Dylan ne regardait que le dos de Kelly, mais il releva la tête en l'entendant pousser un petit cri. Le couple, devant eux, c'était Brenda et un beau brun.

– Ô mon Dieu ! s'exclama Brenda.

– Brenda ! appela Kelly.

Mais Dylan se rendit bien compte, à l'expression tendue de son visage, qu'il était trop tard pour se justifier.

17

Jalousie

Brandon ne se serait jamais douté que la soirée allait être aussi bonne. Il était resté à la maison, pour lire, regarder la télé... S'occuper, quoi ! Mais ses parents n'arrêtaient pas de se prendre le bec depuis tout à l'heure. À propos de Dottie, la nouvelle secrétaire de papa. Apparemment, elle faisait du zèle pour l'impressionner par la qualité de son travail. Et papa ne demandait que ça, d'être impressionné. Maman pensait que la pauvre fille avait le droit de vivre, comme tout le monde.

En fait, Brandon ne les écoutait que d'une oreille. Il était heureux de voir son père satisfait, mais il avait autre chose en tête : le piratage des ordinateurs, l'accident d'Andréa, une dissert sur le poète Walt Whitman qu'il devait rendre à monsieur Meyers avant la fin de la semaine.

Dottie appela à la maison vers vingt et une heures trente. Elle finissait de taper des papiers très importants qui devaient partir le lendemain matin à la première heure. Maman sembla horrifiée quand elle entendit son mari proposer d'aller les signer sur-le-champ, au bureau. Ils parvinrent cependant à un compromis : papa demanda à Dottie de passer à la maison avec les documents, sur le chemin du retour.

Brandon se dit que ce n'était peut-être pas l'idée du siècle.

Dottie arriva un peu après vingt-deux heures, et c'est à ce moment que la soirée de Brandon s'illumina. La jeune femme était une superbe petite brune, une vingtaine d'années. Elle avait un visage d'ange, un corps de déesse... Elle était en tailleur, pour le travail, mais elle lui rappelait la strip-teaseuse qu'il était allé voir avec Dylan, un jour de pluie...

Maman l'examinait d'un air suspicieux. Elle surveillait aussi son mari du coin de l'œil. Il avait changé de vêtements et avait revêtu une chemise sport, un pantalon large. Le pire, c'était son after-shave. Il avait renversé la bouteille sur lui, ce n'était pas possible autrement. Il accueillit la jeune femme avec un signe de la tête et un geste de la main.

– Oh ! Dottie ! J'avais oublié : voici notre fils, Brandon.

Brandon lui serra la main. C'était la plus jolie combinaison de cinq doigts qu'il ait jamais vue de sa vie.

– J'ai beaucoup entendu parler de vous, fit-il. Mais papa nous a caché les moments les plus croustillants...

– Brandon, s'il te plaît...

Monsieur Walsh était plus qu'embarrassé.

– On vous a déjà dit que vous étiez le sosie de Cindy Crawford ? demanda encore le jeune homme.

Il se doutait bien qu'il n'irait pas très loin, avec cette nana. Mais c'était un bon exercice d'essayer de lui parler sans baver sur le tapis !

– On essaie de l'élever comme on peut... s'excusa madame Walsh. Il faudra bien qu'il vole de ses propres ailes, un jour.

Dottie se mit à rire – un super rire, cristallin.

– La flatterie le mènera loin, en tout cas ! répondit-elle.

Brandon et son père rirent, mais maman se contenta de sourire d'un air plutôt pincé. Qu'est-ce qu'il était advenu de son sens de l'hospitalité et de la convivialité ?

Dottie tendit les documents et parla tandis que le père les signait.

– Et n'oubliez pas que vous avez rendez-vous à neuf heures trente chez le coiffeur. J'ai aussi réservé une table pour votre déjeuner avec Pedersen, chez Enyart.

– Qu'est-ce que je ferais sans vous ? demanda monsieur Walsh en lui tendant les documents qui furent aussitôt happés par l'attaché-case de la jeune femme.

– Je ne suis qu'une intérimaire, répondit Dottie. Mais mon rêve se réalise enfin : je travaille pour quelqu'un que je respecte et que j'admire, quelqu'un qui apprécie pleinement ce que j'ai à lui offrir.

– C'est bien gentil à vous.

Le père essayait de cacher sa joie. Ça n'aurait pas vraiment beaucoup plu à maman.

Brandon n'eut pas le culot de demander si la jeune femme avait besoin qu'on la raccompagne à sa voiture, qu'on la conduise chez elle, qu'on cire le parquet de son salon ou qu'on vienne la border…

Quand elle fut partie, papa se frotta les mains.

– Tu ne la trouves pas incroyable, cette femme ? demanda-t-il, innocemment.

– Si, c'est le moins que l'on puisse dire, fit madame Walsh.

Et elle quitta le salon, apparemment très en colère.

Papa courut derrière elle.

– Mais, chérie, qu'est-ce qui te prend ?

Elle s'assit sur le divan et feuilleta un magazine d'un air absent.

– Regarde donc la vérité en face ! Cette fille a le béguin pour toi !

– C'est débile, maman ! s'exclama Brandon. Une nana comme ça ne tomberait jamais amoureuse d'un type comme papa. C'est impossible !

Au fur et à mesure qu'il prononçait sa phrase, il se rendait compte qu'il était en train de faire une gaffe énorme.

– Enfin… je veux dire… dans le cadre du travail, quoi !

– S'il te plaît, Brandon. N'essaie pas de te rattraper. Tu en as déjà trop dit, ça suffit.

Il se tourna vers sa femme et ajouta :

– Par contre, ce que je ne comprends pas, c'est ton point de vue.

Ça semblait clair comme de l'eau de roche, et pourtant le père avait vraiment l'air perplexe. Quel naïf !

Maman essaya de retrouver ses esprits. Elle jeta son magazine et regarda son mari droit dans les yeux.

– Et peux-tu m'expliquer pourquoi tu t'es changé juste avant qu'elle n'arrive ?

– Parce je suis son patron et que je n'ai pas envie qu'elle me voie en peignoir !

– Et l'after-shave, alors ?

Apparemment, papa ne savait pas quoi répondre, alors il décida d'attaquer :

– C'est ridicule, chérie. On croirait que tu es jalouse. Et j'aimerais bien savoir ce qui te vexe le plus : que Dottie me respecte, ou qu'elle m'admire ?

– Ce qui m'inquiète le plus, c'est *ce qu'elle a à t'offrir*.

Brandon ne comprenait pas pourquoi sa mère continuait de se prendre la tête.

– Maman, penser qu'une fille aussi sensas que ça puisse...

– Brandon, s'il te plaît, interrompit monsieur Walsh, qui devait avoir peur d'entendre la suite.

Il s'assit à côté de sa femme et lui prit la main. Elle ne broncha pas, mais elle semblait déterminée : elle ne se laisserait pas attendrir.

– Chérie, écoute. Quand je vais travailler, tu sais bien que je suis concentré à cent dix pour cent sur ce que j'ai à faire. Rien n'arrive à me distraire de ma tâche, sauf toi, les enfants et les résultats de foot.

S'il disait la vérité, il ne devait pas être très normal, comme homme. En tout cas, pas sur cette planète. Cependant, Brandon fut soulagé de voir que sa mère acceptait cette explication, qui n'était d'ailleurs pas moins vaseuse que les autres.

Brenda observa la porte du restaurant à travers un rideau de larmes. Elle avait rarement été aussi en colère de sa vie. Elle avait du mal à croire que ses deux meilleurs amis puissent lui faire un coup pareil.

Elle avait certes permis à Dylan de faire tout ce dont il avait envie. Mais elle ne s'attendait quand même pas à ce qu'il se jette aussitôt dans les bras d'une autre fille. Surtout de sa meilleure amie. Elle aurait préféré qu'il passe son temps à se morfondre sur sa relation passée, cassée... C'était quand même la moindre des choses, après une rupture, non ?

Mais qu'est-ce qu'elle pouvait faire, pour se venger ? Elle avait déjà plaqué Dylan. Il ne lui restait plus que Kelly, maintenant.

– Brenda, dit Kelly-l'affreuse. C'est toi qui as dit que Dylan était libre de ses mouvements, qu'il pouvait sortir avec qui il voulait.

– Oui, et toi, tu as dit que tu étais ma meilleure amie. La bonne blague !

– Mais, laisse tomber, à la fin, Bren ! fit Dylan.

Il avait l'air las. Kelly n'avait rien fait de mal, après tout.

– Et n'oublie pas que c'est toi qui m'as plaqué !

– Je ne l'oublierai pas, t'inquiète ! répondit Brenda.

Elle était tellement frustrée et furieuse qu'elle tremblait de tout son corps. Elle avait envie de crier, de hurler, et de donner des coups de pied partout. Mais elle ne leur ferait pas cette joie. Ils seraient trop heureux de voir à quel point ils l'avaient blessée.

– Tu sais, Kel. Si tu essaies de perdre cette image de pouffiasse, c'est pas en sortant avec Dylan que tu vas y arriver.

– Brenda, écoute…

Rick interrompit Kelly. Jusqu'à présent, il s'était contenté d'observer l'échange d'un air amusé.

– Laissez-moi parler. Ça fait longtemps que vous vous connaissez tous les trois, et j'ai l'impression qu'il y a beaucoup de sous-entendus dans ce que vous racontez. Vous savez où appuyer pour blesser. Mais c'est pas très constructif de vouloir faire mal à quelqu'un.

De quel côté était-il ? se demanda Brenda. Vu la façon dont se déroulaient les choses, elle n'était plus très sûre…

Rick tendit sa main à Dylan.

– Au fait ! Je m'appelle Rick !

– Moi, c'est Dylan. Brenda m'a dit que tu étais un accompagnateur du tonnerre !

Brenda ne supporta pas l'ironie de cette remarque. On l'avait déjà assez blessée comme ça. Elle n'était pas sortie avec le meilleur pote de Dylan, *elle*.

– On ne peut pas y aller, maintenant ?

– Non, attends, fit Rick. Pourquoi ne pas s'asseoir autour d'une table, et discuter de tout ça, calmement. Je sais bien que ça ne sera pas très joli, mais vous vous connaissez depuis trop longtemps pour gâcher votre amitié en quelques minutes.

Mais qu'est-ce qu'il avait, Rick ? Il nous faisait le trip conseiller scout ou psychanalyste à la petite semaine, du genre *je peux vous aider, je viens de lire le manuel.*

– Je ne suis pas une pouffiasse, Brenda, fit Kelly.

– Ouais, tout ce que tu voudras ! Mais on m'a toujours appris que si ça marche comme un canard, et si ça fait coin-coin, c'est un...

– Va te faire voir ! s'écria Kelly, et elle quitta le restaurant.

Dylan resta debout devant Brenda quelques instants. Apparemment, il essayait de trouver quelque chose à dire mais n'y parvenait pas. Il finit par pousser un soupir et s'éloigna.

Brenda savoura sa victoire. Mais pas longtemps. Rick la ramena chez elle, et elle se sentit de nouveau envahie par un sentiment de trahison. Elle n'avait pas vraiment gagné le match, après tout. Dylan et Kelly devaient être quelque part en train de faire Dieu sait quoi et de se moquer d'elle. Ils avaient vraiment bien réussi leur coup, elle avait marché à fond !

Rick raccompagna Brenda jusqu'à la porte d'entrée. Il était calme. Mais cette tranquillité la mettait hors d'elle, si bizarre que cela puisse paraître. S'il l'aimait vraiment, il devrait être aussi furieux qu'elle, non ?

– Tu es sûre que tu ne veux pas que je reste avec toi ?

– Pas ce soir, répondit-elle.

Elle mit sa clef dans la serrure et tourna doucement.

– Je suis désolé que tout ça soit arrivé. Mais au moins les choses sont claires, maintenant.

Brenda essaya de sourire, tant bien que mal.

– Ah bon ? J'ignorais qu'il y avait un côté positif à cette histoire sordide.

– En tout cas, on peut aussi envisager les choses de ce point de vue. Ou essayer.

Brenda n'avait absolument pas envie d'entendre ce genre de platitude, de la bouche d'un Rick qui se prétendait mûr.

– Rick, commença-t-elle.

– Écoute, Brenda, fit-il. Ça nous sert à tous de leçon. Sur la vie. Sur le passé qu'il faut tenter d'oublier, et l'avenir qu'il faut construire. Il faut savoir que certaines relations sont importantes à certains moments de la vie, et plus à d'autres. Parfois, on part dans des directions différentes et ça ne peut plus durer. C'est comme ça.

– J'ai l'impresion d'entendre mon père ! s'exclama Brenda.

– Ouais ! Mais ton père est un chic type !

Rick regarda la rue comme s'il avait entendu un bruit. Brenda tourna aussi la tête mais ne vit rien.

_ Tu l'as dit à Dylan, alors. À propos de nous deux...

– Ouais, en quelque sorte.

Brenda n'avait jamais mentionné aucun prénom. Elle n'avait jamais dit que son accompagnateur, Rick, avait été son amant, à Paris. Mais grâce au spectacle qu'elle avait offert d'elle, ce soir, Dylan avait sûrement fait le rapprochement tout seul. Elle avait un peu mauvaise conscience de ne pas lui en avoir parlé plus en détail, de lui avoir caché des choses, mais elle était encore plus en colère en voyant le crime de ses amis.

– Je suis content que tu lui aies dit.

– Pourquoi ?

– Parce que ça prouve que notre relation a de la valeur, à tes yeux.

Il lui prit la main et poursuivit :

– Je te le ferai oublier, Brenda, je te le promets.

Dylan avait été son meilleur ami. Ils avaient passé de bons moments ensemble, et parfois des plus difficiles. Mais ils s'étaient toujours sentis proches l'un de l'autre. Elle était en colère contre lui, mais elle n'avait pas non plus envie de l'oublier totalement, pas même pour Rick.

– On en reparlera, dit-elle.

Et elle rentra chez elle. Elle n'avait plus envie de discuter. Il fallait d'abord réfléchir à tête reposée. Vu la façon dont elle se sentait, à l'instant présent, ça allait peut-être lui prendre des années.

Dylan raccompagna Kelly chez lui. Elle était dans un état lamentable à cause de ce qui venait de se passer au restaurant. Elle se tourmentait en se demandant ce qu'ils auraient dû dire ou non, faire ou non...

Dylan la laissa délirer. Il n'essaya même pas d'excuser Brenda. Elle lui avait clairement fait comprendre que leur relation était terminée. En plus, c'était elle la première qui avait commencé à sortir avec quelqu'un d'autre. Ce Rick, là ! Apparemment, le même que son prétendu accompagnateur, à Paris. Bien entendu, Rick n'était pas son meilleur ami. Ce n'était même pas son pote, d'ailleurs. Mais qu'est-ce que ça changeait ?

Ils pénétrèrent dans le salon, mais ils étaient encore trop sous tension pour rester sagement assis.

– Brenda m'a dit des choses...

Kelly était tellement vexée qu'elle ne parvint pas à finir sa phrase.

– Oui, mais tu sais bien qu'elle n'a pas vraiment la réputation d'avoir un tact à toute épreuve, lui rappela Dylan.

– J'aimerais tellement qu'on puisse revenir en arrière, que cette soirée n'arrive jamais...

– Pas moi ! dit Dylan en écartant les bras.

Il la serra contre lui et lui parla tendrement à l'oreille.

– Je suis super content, au contraire.

Elle se contracta et il lui caressa le dos, doucement.

– Sauf pour la dernière partie… Mais je suis si heureux de me retrouver avec toi !

Il essaya de l'embrasser. Elle ne résista pas, mais ce n'était pas un baiser passionné.

– Arrête de penser à Brenda ! fit Dylan, très frustré.

– Je ne peux pas, répondit Kelly. Rappelle-toi ce que tu lui as dit au restaurant : que c'était elle qui avait cassé, et non pas l'inverse.

Pourquoi les femmes voyaient-elles toujours les choses de façon négative ?

– Tout ce que je voulais dire, fit Dylan, c'est que je n'avais pas besoin de son autorisation pour sortir avec toi.

– Oui, je comprends bien. Mais j'ai le sentiment d'être avec toi, parce que Brenda n'y est pas. J'ai la sensation que tu as eu une déception sentimentale, et que c'est pour cette raison que tu sors avec moi.

Apparemment, ils ne se connaissaient pas aussi bien qu'ils le prétendaient. Kelly le voyait comme un sale opportuniste et ça lui faisait de la peine. Il la prit par les épaules et la regarda droit dans les yeux :

– Et l'été dernier, alors ? T'en fais quoi ? Et Paradise Cove ? Et la première fois qu'on s'est embrassés ?

– Je ne sais pas…

Elle avait l'air sincèrement perplexe, et ça rassura un peu Dylan.

– Qu'est-ce que je dois faire pour te convaincre ?

– Je crois que tu n'y arriveras pas. En tout cas, pas ce soir.

Elle avait raison. Dylan le savait bien. Ils n'avaient pas encore oublié les mots assassins qu'avait prononcés Brenda. Ils se sentaient coupables et isolés.

Il en voulait un peu à Brenda, mais c'était aussi sa faute. Et comme Kelly, il se demandait ce qu'il aurait pu faire pour éviter ce gâchis irréparable.

La vie ne pouvait pas devenir plus compliquée. En tout cas, c'était ce que croyait Dylan avant d'aller voir madame Teasley, dans son bureau, le lendemain matin. Elle lui avait donné rendez-vous, ça avait l'air important.

En fait, le jury d'examen avait rejeté son appel.

– Mais j'étais là ! s'écria Dylan. Vous savez bien que c'est moi qui l'ai passé, ce fichu exam !

Madame Teasley posa ses mains sur le bureau.

– Je sais bien. Mais le surveillant ne se rappelle pas t'avoir vu arriver en retard. Et comme on n'avait aucun exemplaire de ta signature, ils ont pensé que tu n'avais pas assez de preuves pour appuyer ta requête.

Elle avait l'air de compatir, mais elle prêchait pour son saint en espérant sauver sa peau. Elle se rangerait du côté officiel, car c'était la seule façon de ne pas trop faire de vagues.

– Ils te permettent cependant de le repasser.

– Ça me fait une belle jambe ! Ils sont vraiment généreux !

– Tu n'as qu'une alternative : porter ton cas devant une cour de justice. Ça a déjà été fait, mais ça prend beaucoup de temps et tu n'as aucune garantie de voir ton cas aboutir…

– Alors, officiellement, je suis un tricheur.

– Je suis navrée.

– Oui. Moi encore plus.

Il sortit du bureau à grands pas. Il avait besoin d'espace – mental, physique… Un grand bol d'air !

Mais il tomba nez à nez avec Brenda et Kelly qui étaient encore en train de se crêper le chignon. Elles étaient tellement en colère qu'elles ne s'aperçurent même pas de sa présence.

– Tu as dit que t'en avais marre d'être avec quelqu'un de taciturne ! expliqua Kelly. Tu ne sais même pas ce qui s'est passé entre nous, hier soir !

Kelly sanglotait. Mais Brenda était trop en colère pour pleurer. Sa fureur était froide et implacable.

– Je vous connais assez bien, tous les deux. Tu ne vas pas me faire croire que tu es allée chez lui pour l'aider à faire son devoir d'espagnol !

– Tu sais, fit Kelly. Maintenant que j'ai rencontré Rick, je comprends pourquoi tu l'aimes. C'est un mec sûr. Sûr et ennuyeux comme la mort.

– Mais, au moins, il ne m'a pas choisie par dépit.

– Mais moi non plus !

Dylan en avait assez. Des nanas, des surveillants amnésiques, de la vie à West Beverly High... Il suffoquait.

Il passa devant les jeunes filles sans rien dire.

– Dylan ! s'exclamèrent-elles en même temps.

Mais il ne s'arrêta pas. Il avait envie de sortir.

18

Les cauchemars se réalisent

Le lendemain, Dottie n'était plus qu'un agréable souvenir. Mais Brandon sentait bien que ses parents essayaient d'éviter le sujet. Papa était très tendre et attentionné, tandis que maman restait polie, un peu froide. Dans quelque temps, tout rentrerait dans la normale, heureusement.

Il alla au lycée et se rendit dans le bureau du *W.B.B.* pour voir comment s'en sortait Andréa. Elle s'était entraînée avec son fauteuil : elle se déplaçait maintenant sans efforts. Comme d'habitude, elle s'occupait de trois choses à la fois. Quand elle aperçut Brandon, elle termina ce qu'elle avait en route et le prit par le bras pour l'emmener dans un coin de la salle. Loin des oreilles indiscrètes.

– Qu'est-ce qui t'arrive ? demanda Brandon.

– Cette histoire de piratage d'ordinateurs... C'est beaucoup plus grave que ce que l'on avait imaginé.

– Mais la police prétend le contraire ! Ils pensent que le boulot a été bâclé parce que ce sont des rigolos qui l'ont fait, des minables. Ils n'avaient que...

– Laisse-moi terminer, s'il te plaît ! ordonna Andréa.

– Oui, excuse-moi.

Elle s'approcha encore un peu plus de lui.

– Tu as déjà entendu parler du passe-partout, non ? murmura-t-elle.

Brandon fut interloqué. L'existence de cette clef était l'une des rumeurs les plus tenaces à West Beverly. Si Steve ne la lui avait pas montrée, il croirait encore que c'était une fable. Mais son ami ne plaisantait absolument pas. Et voilà qu'Andréa lui parlait de cette affreuse clef ! Ce n'était pourtant pas le genre de fille à prendre des rumeurs pour argent comptant ! Elle ne vivait pas vraiment dans les contes de fées ! Loin de là !

– Bien sûr, répondit Brandon avec précaution. On prétend que ce passe-partout existe pour faire enrager les petits.

La jeune femme acquiesça.

– Jay est passé ce matin. Quand je lui ai raconté cette histoire de piratage, il a suggéré que cette clef pouvait exister pour de bon.

Jay, Jay Thurman, était le copain d'Andréa. Il était éditeur en chef du *Northwestern*, mais c'était l'ancien éditorialiste du *West Beverly Blaze*. Politiquement, il se situait plutôt à droite, tandis qu'Andréa était connue pour ses idées de gauche. Ça ne les empêchait pourtant pas de filer le parfait amour.

– Non ! Arrête avec ces histoires, Andréa ! Je suis en dernière année, je sais bien qu'elle n'existe pas, cette clef.

C'en était un peu trop. Jay avait probablement raison. Pire : Steve était le dernier possesseur connu du passe-partout…

– Ce n'est pas simplement une rumeur, fit Andréa. Jay est certain que les élèves l'utilisent depuis toujours pour faucher les sujets d'examens ou changer leurs notes. On va mettre au jour une conspiration qui a lieu depuis plusieurs années, tu te rends compte ?

– Oui, avoua Brandon.

Il ne savait plus quoi faire. Si Steve avait encore la clef, comme il l'avait prétendu, il deviendrait le suspect numéro un. Il y avait un mobile : ses notes très basses. Il avait les moyens : le passe-partout, sans compter l'aide d'un jeune encore plus idiot que lui. En plus, il avait sûrement eu la possibilité d'agir en toute tranquillité : le lycée était vide et sans surveillance la plus grande partie de la nuit.

Brandon secoua la tête. Ce garçon le décevait constamment. Il avait déjà fait pas mal de bêtises, mais jamais de cette ampleur. Avec celle-là, il allait peut-être voir une porte de prison se refermer sur lui et ne se rouvrir qu'à l'âge de la retraite. C'était hyper grave.

Si Steve était coupable, il fallait qu'il soit puni. Mais il avait aussi été son pote pendant de nombreuses années, et Brandon n'était pas du genre à laisser tomber ses amis. Il espérait juste qu'il s'inquiétait pour rien. Que Steve avait rejeté la clef, quand on la lui avait proposée et que, s'il l'avait acceptée, il n'avait pas été assez stupide pour l'utiliser.

Brandon partit à sa recherche et le trouva alors qu'il se rendait au cours de sport. Il l'accompagna quelques instants et dit :

– Tu l'as pris, le passe-partout, non ?

– Qui a dit ça ? demanda l'autre, irrité, mais pas encore en colère.

– Andréa vient de m'en parler. Elle sait que la clef existe, Steve. Maintenant, elle va sûrement vite comprendre qui l'a utilisée. Forcément quelqu'un de désespéré par ses notes…

– Tu me dégoûtes, Walsh. Et si je veux, je peux t'écraser comme rien du tout.

Pourquoi Steve se mettait-il toujours sur la défensive et sous-estimait-il ses amis ? Brandon était très en colère. À tel point qu'il avait envie d'aller voir

Andréa pour tout lui raconter en prévoyant ce qui allait se passer. Steve s'attendait un peu à ça, d'ailleurs. Il aurait probablement agi de même, dans ce genre de situation. Mais pas Brandon. Il ne pouvait pas. Steve pouvait bien penser ce qu'il voulait, Brandon resterait son pote. Même si ce n'était pas toujours très facile.

– Je n'irai pas te dénoncer, fit Brandon. Mais la police va bientôt contrôler les élèves des classes supérieures. Surtout ceux qui ont les notes les plus basses.

– Je ne veux plus entendre ce genre de connerie !

– Connerie ? Tu voulais pourtant que j'aille chercher la clef avec toi, tu te rappelles, non ? En plus, t'as complètement foiré tes examens et tes notes sont les plus basses de la galaxie !

– Et alors ? demanda Steve. Il y a des limites que je ne franchis pas, figure-toi.

– Bien, fit Brandon, maintenant aussi furieux que son ami. Donc, si tu n'as pas pris la clef, tu pourras me dire sans problème qui te l'a proposée.

– Mais toi et Andréa, puisque vous êtes tellement intelligents, pourquoi vous n'essayez pas de le découvrir tout seuls ?

Brandon réalisa que ce n'était pas la peine de discuter. Steve ne lui dirait rien. Il n'avait aucune raison de le faire, d'ailleurs. C'était difficile d'aider quelqu'un qui faisait barrage. Mais il était quand même content de n'avoir rien appris, de ne rien pouvoir révéler à Andréa.

Steve réalisa que le filet était en train de se refermer sur lui. Ça lui faisait peur. Si Brandon et Andréa avaient réussi à réunir autant d'indices, la police arriverait tôt ou tard aux mêmes conclusions. Sans même l'aide de ses deux amis.

Steve repensa un instant à ces vieux films de la Warner Bros, quand le gangster allait être capturé.

– *Allez, Sanders, rends-toi,* hurleraient les flics dans l'immense entrepôt désaffecté, où il se serait caché en attendant son heure.

– *Vous ne m'aurez jamais vivant !* crierait Steve, en constatant qu'il n'avait presque plus de munitions.

Mais ça semblait beaucoup plus cool quand c'était Marlon Brandon la cible de la police…

Chaque fois que quelqu'un apportait un message, en cours, Steve croyait que c'était pour lui. Que madame Teasley allait le convoquer dans son bureau pour un entretien avec les flics. Mais, jusqu'à présent, tout allait bien.

À midi, il alla trouver Herbert. Il était toujours aussi nerveux, mais il ne s'était pas encore fait interroger par un officiel. Et peut-être qu'il ne le serait plus, maintenant.

Steve allait quitter les cours pour rentrer chez lui. Il était soulagé : rien n'était arrivé. Sauf que, tout à coup, il aperçut Hutchins, derrière lui. Pendant un moment, Steve se dit qu'il ferait mieux de l'ignorer. Mais ce n'était peut-être pas la meilleure solution. Il avait les cartes en main. Et, contrairement à Brandon, il n'aurait aucun scrupule à aller raconter tout ce qu'il savait à la police.

Steve ne voulait pas qu'on les aperçoive ensemble. Alors il se plaça derrière Hutch et le suivit à une distance respectable. Une fois dans la salle des machines, il s'assit en face de lui et le dévisagea. Les deux lampes étaient toujours allumées, on entendait encore un bruit de vapeur, et les magazines porno étaient de nouveau sur le bureau. Une fois de plus, Hutch les mit en pile avant d'entamer son *bu-zi-ness*.

– Qu'est-ce que vous attendez de moi ? fit Steve, très irrité.

– Est-ce que je me trompe ou est-ce que je détecte une nuance d'hostilité dans cette remarque ? demanda Hutch, en souriant de toutes ses dents pourries.

– Qu'est-ce que vous voulez que je vous dise ? Le chantage n'est pas un de mes sports favoris.

– Mais, fiston, il faut regarder les choses du bon côté !

– Bon, finissons-en, maintenant ! Arrêtez de tourner autour du pot !

Hutch posa ses pieds sur son bureau. Maintenant, il allait vraiment parler affaires. Il secoua un doigt dans la direction de Steve et dit :

– Tu vois, en pensant de cette façon, c'est toi qui t'es attiré des ennuis, le premier. Il faut que tu tires meilleur parti de tes points forts. Et dans ton cas, c'est de ton portefeuille qu'il s'agit.

Steve voyait bien où il voulait en venir. Il farfouilla dans sa poche et sortit un nouveau portrait de Franklin.

– Ça ira, comme ça ? demanda-t-il, ironique.

Il était dégoûté. Autant par Hutch que par lui-même. Ça le rendait malade de donner satisfaction à un minable comme lui.

Le concierge sourit en prenant le billet. Il le plia tout doucement, voluptueusement, dans le sens de la longueur. Puis il le fourra dans sa poche et poursuivit :

– Tu es très généreux, mon garçon. Sauf que nos tarifs ont augmenté, récemment.

– Qu'est-ce que ça signifie ?

Steve le savait très bien. Malheureusement.

– Je crois qu'aucun de nous ne s'attendait à ce que la police s'attarde. Et pourtant, c'est ce qu'elle fait. La dernière fois que j'ai parlé au commissaire, je n'avais pas la tête très claire. Je ne me souvenais plus bien de ce qui s'était passé. Mais, maintenant que j'ai pris mes vitamines, la mémoire me revient !

Steve avait envie de vomir. Ce type le tenait par la gorge et la situation n'allait certainement pas s'améliorer avec le temps. Steve deviendrait son objet, sa marionnette. Hutch pourrait en faire ce qu'il voudrait. Et avec son argent, il pourrait s'offrir un abonnement à vie à tous ses sales magazines porno.

19

Coup de foudre

Brenda rentra chez elle à pied, après le lycée. Ça lui fit du bien. Surtout après la journée atroce qu'elle venait de passer. Elle avait l'impression que, partout où elle allait, Kelly se trouvait sur son chemin. Avant, quand elles avaient cours ensemble, c'était génial. Maintenant, l'enfer.

D'un autre côté, elle n'avait plus revu Dylan depuis qu'il était passé devant elles sans rien dire, le matin. Ce n'était pas la peine de se faire du souci pour un type comme lui... Mais elle n'arrivait pas à se raisonner. Il avait l'air tellement désespéré. Il était peut-être parti n'importe où. Pour faire n'importe quoi. En tout cas, pas avec Kelly, puisqu'elle n'avait pas cessé de la rencontrer, toute la journée.

Brenda alla se chercher quelque chose dans la cuisine avant de regagner sa chambre. Elle avait envie de passer la soirée toute seule, le téléphone débranché. Sa mère l'observa d'un air inquiet :

– Qu'est-ce qui t'arrive ? Tu étais où ? Tu sais pourtant bien que Rick doit arriver d'une minute à l'autre.

Brenda fut interloquée.

– C'est ce soir ? demanda-t-elle, complètement affolée.

Elle avait totalement oublié l'invitation de ses parents et ne se sentait pas du tout prête à affronter ça aujourd'hui.

– Tu crois que si on appelait pour annuler, ce serait impoli ?

Madame Walsh arrêta de couper ses tomates.

– Pourquoi ? demanda-t-elle. Vous êtes fâchés, ou quoi ?

– Non, fit Brenda en soupirant. C'est d'ailleurs la seule personne avec qui je ne me sois pas engueulée aujourd'hui.

– Qu'est-ce qui s'est passé alors ? Tu as envie d'en parler ?

– Non, pas maintenant. Merci.

Ça n'avait pas été une journée rigolote. Le pire, c'était quand Kelly lui avait dit qu'elle trouvait Rick ennuyeux. Il avait certes l'air très raisonnable, pour un mec de son âge, mais Brenda préférait parler de maturité, dans son cas. Pour une raison ou pour une autre, cependant, les mots de Kelly continuaient de résonner dans sa tête.

– Maman, tu aimes bien Rick, n'est-ce pas ? Tu ne penses pas qu'il est barbant, si ?

– Je ne le connais pas très bien, répondit la mère. Mais il a l'air très gentil, ce garçon.

Ouais, autant dire que c'était un brave type, quoi ! C'était bien d'être gentil, évidemment, mais il fallait quand même plus que de la gentillesse pour rendre quelqu'un intéressant.

– Oui, il est très différent de Dylan, mais c'est un point positif, non ?

– J'admets que Dylan était plus... comment ?

Sa mère essayait de trouver le mot adéquat, à la fois correct et diplomate.

– Disons qu'il était plus compliqué !

– Tu veux dire « négligé », c'est ça ?

Madame Walsh cessa une fois de plus de préparer sa salade et regarda sa fille dans les yeux.

– Chérie, tu ne préfères pas qu'on annule ce dîner, après tout ?

C'était une super idée. Elle s'était retrouvée dans des situations pas possibles depuis le matin, et elle n'avait pas envie que ça recommence ce soir. Mais pourquoi un dîner avec Rick serait-il si pénible ? Au contraire ! C'était son âme sœur, l'homme qui avait traversé des continents et des océans pour venir la retrouver ! Elle était peut-être un peu fatiguée. Tout simplement.

– Non, laisse tomber, dit-elle, aussi fermement que possible.

– Bien. Parce que, sinon, j'aurais cuisiné deux heures pour rien !

Rick choisit ce moment-là pour arriver. Il portait une veste sport et une cravate. Brenda réfléchit. La dernière fois qu'elle avait vu Dylan en porter une, c'était quand il était allé voir son père, au tribunal. Il n'en aurait jamais mis pour aller manger chez les Walsh !

Rick portait un jean plutôt cool, mais la cravate le vieillissait beaucoup. Ça faisait un peu trop habillé. Il avait apporté une boîte de chocolats. C'était gentil. Ça allait bien avec la cravate…

Monsieur Walsh ne tarda pas à rentrer du boulot et ils se mirent à table. Le repas fut excellent, comme d'habitude. Madame Walsh était vraiment une super cuisinière ! En revanche, la conversation n'était pas très fameuse. Brenda ne demandait pas qu'on ne s'intéresse qu'à elle, mais Rick et son père n'arrêtaient pas de parler de compta…

– Avec les nouvelles lois de finances, je crois que les grandes fortunes vont devoir se méfier…

– Oui, acquiesça monsieur Walsh. D'ailleurs, les réductions d'impôts sont beaucoup moins attrayantes qu'avant.

– Et on se demande bien ce qu'il y a d'attrayant dans tout ça ! s'exclama Brenda, exaspérée.

Son père et Rick la regardèrent d'un air surpris.

– Je suis navré, Brenda, dit Rick. Je ne voulais pas t'oublier. Mais c'est tellement rare de pouvoir parler à un professionnel du niveau de ton père…

Avant qu'elle ne puisse répondre, son père sauta de nouveau dans le plat à pieds joints.

– Rick, si tu veux passer à mon bureau, un de ces jours, tu seras le bienvenu. Je te ferai faire le tour du propriétaire.

Rick était aussi heureux que si monsieur Walsh venait de lui offrir un passe à vie pour Disneyland.

– *Wow !* Quelle chance ! s'exclama Brenda, sans aucun enthousiasme.

Malgré tous ses efforts pour ne pas l'entendre, le mot « ennuyeux » n'arrêtait pas de résonner dans ses oreilles.

Rick leva ses deux mains au niveau de son visage :

– O.K., Brenda. Je promets. On ne parle plus affaires.

– Voilà enfin une bonne idée !

Son père avait aussi dû remarquer qu'elle était énervée, car il s'excusa.

Madame Walsh arriva avec un grand plateau.

– Du café ? Du thé ? Des chocolats ?

– Non, merci, madame Walsh. Je n'en peux plus, j'ai déjà trop mangé. Vous êtes un vrai cordon-bleu.

Il se tourna vers Brenda en souriant et ajouta d'un air entendu :

– Et j'espère que c'est héréditaire !

– Tu verrais comment je me débrouille avec un malheureux ouvre-boîtes ! s'écria-t-elle.

Rick avait apparemment de grandes ambitions pour eux deux. S'attendait-il vraiment à ce qu'elle soit une bonne cuisinière et une bonne mère de famille pour ses cinq enfants ? Elle n'avait pas l'impression d'être sur la même longueur d'onde que lui.

Rick éclata de rire et haussa les épaules.

– Ce n'est pas grave. On commandera des plats cuisinés.

Monsieur Walsh lança un coup d'œil à sa fille et dit :

– Alors, dites-moi, Rick, que font vos parents ?

– Mon père est électronicien chez Hatami.

Ça avait l'air de faire très plaisir au paternel.

– C'est pas possible ! Mon clavier électronique est justement un Hatami !

Après cette déclaration, la soirée devint encore plus glauque qu'avant. Tout le monde dut monter à l'étage. Monsieur Walsh et Rick s'assirent devant le clavier. Ils s'éclatèrent comme des fous à jouer l'intégralité du répertoire des Beatles.

– *Lucy in the sky with diamonds !* hurlaient-ils à tue-tête.

Brenda et sa mère étaient restées sur le pas de la porte et les observaient. Rick était encore pire que barbant.

– J'ai l'impression de sortir avec mon père, fit Brenda.

Sa mère lui jeta un coup d'œil en coin mais ne dit rien.

Les deux hommes ne remarquèrent même pas qu'elles les quittaient pour retourner au rez-de-chaussée. Brenda aida sa mère à faire la vaisselle puis alla s'asseoir dans le salon.

– Tu as besoin de quelque chose ?

– Non, merci. Je vais juste attendre Rick.

Sa mère remonta à l'étage et Brenda resta longtemps assise sur le canapé. Elle écoutait la musique d'une oreille distraite. Laisser deux mecs ensemble, c'était l'enfer. Qu'est-ce qu'ils allaient nous sortir, après ? Une comédie musicale sur les cours de la Bourse ?

La soirée avait été tellement bizarre qu'elle ne savait même plus quoi en penser. Rick avait été parfait dans son rôle de gendre : mignon, attentionné, drôle, intelligent. Et il n'y avait vraiment rien de mal à ce qu'il soit mûr pour son âge.

Soudain, elle comprit où était le problème. S'il y avait eu coup de foudre, ce soir, c'était entre Rick et son père. Il avait davantage de points communs avec son père qu'avec Brenda. C'était comme ça. Il fallait le reconnaître et l'accepter.

Ce genre de chose ne se serait jamais produit avec Dylan. Elle réalisa qu'elle n'était absolument pas mûre pour la relation qu'envisageait Rick. Pas encore. D'ailleurs, elle ne serait peut-être jamais prête à vivre avec lui. Ça l'attrista un peu. Elle avait déjà abandonné Dylan, maintenant, elle laissait tomber Rick... Et elle se voyait, d'ici quelques années : vieille fille, acariâtre, entourée par une famille de chats.

La musique cessa enfin et Rick descendit les escaliers, terriblement embarrassé. Il se rendit compte qu'il l'avait ignorée la majeure partie de la soirée, et voulut se faire pardonner. Il fallait qu'ils parlent. Elle tapota la place, à côté d'elle, sur le canapé, pour l'inviter à s'asseoir. Ils se turent pendant un long moment.

– Qu'est-ce qui ne va pas, Brenda ?

Elle poussa un long soupir. Autant commencer par un cliché, ça faciliterait peut-être la suite des événements :

– Rick, t'es vraiment un garçon sympa.

Il enleva la main qu'il avait posée sur son épaule et la laissa tomber sur ses genoux.

– Je sais que c'est débile de dire ça, mais t'es très sympa, comme type. Mais ça ne marchera jamais, entre nous.

– Pourquoi pas ? demanda-t-il, interloqué.

– Parce que nous n'avons pas grand-chose en commun.

– Et la providence, alors ? Le destin ? Qu'est-ce que tu en fais ?

– Non, c'était pas le bon chiffre, répondit Brenda, d'un ton triste. Je crois que si le destin voulait vraiment quelque chose, c'était que tu rencontres mon père, pas moi. Brandon et moi ne nous sommes jamais intéressés à la compta, au grand désespoir de mon père. Tu es vraiment le fils qu'il lui aurait fallu.

– J'aime beaucoup ton père, Brenda. Mais toi, je t'aime tout court. Je n'ai jamais cru au coup de foudre. Sauf le jour où je t'ai aperçue, sur le banc, à Paris. Et puis quand je t'ai revue, au vidéo-club. Je savais que c'était toi…

– Je suis désolée, Rick.

Ils se turent de nouveau. Brenda ne savait absolument pas ce qu'il était en train de penser. D'ailleurs, il ne pensait peut-être pas. Il se sentait juste un peu mal à l'aise… Elle en était sincèrement désolée, mais c'était la seule solution.

– Une question, demanda Rick.

Brenda aurait dû voir venir ça gros comme une maison.

– Non, Dylan McKay n'y est pour rien, assura-t-elle.

– Tu en es certaine ?

Qu'est-ce qu'elle en savait au juste ? Rien ! Elle n'était qu'une vieille fille, entourée par une famille de chats…

– Ça va faire beaucoup de peine à ton père, tu sais, fit Rick.

Elle apprécia son humour.

– J'essaierai de lui en faire part avec tact, répondit-elle.

Rick se leva.

– Ne perds pas mon numéro, surtout, fit-il. Parce que moi, je n'oublierai jamais le tien !

– Allez, bonsoir, monsieur Rick, dit-elle en reprenant son gros accent français.

– Ouais, salut !

Il sortit. La porte se referma en faisant clic et le bruit de son moteur se dissipa peu à peu. Brenda resta assise dans l'obscurité. Elle se demandait ce qu'elle allait devenir.

Dylan conduisait sa Porsche à toute allure. Il fallait à tout prix qu'il sorte de la ville. Sinon, il allait exploser. Le jury de l'examen était persuadé qu'il avait triché et sa copine n'arrêtait pas de se prendre la tête. Elle l'avait appelé toute la journée. Et Brenda s'y était également mise, ce soir. Apparemment, elle voulait faire la paix. Mais il avait laissé son répondeur prendre les appels à sa place. Kelly souffrait beaucoup. Peut-être qu'il en était de même pour Brenda. Mais il ne pouvait rien faire pour elles. En tout cas, pas aujourd'hui. Il fallait d'abord qu'il essaie de s'aider lui-même.

Il alla voir Brandon au Peach Pit. Ça avait été le seul à l'épauler dans son histoire de tricherie. Un bon pote, sûrement le meilleur… Dylan ne pouvait pas partir sans lui dire au revoir.

Brandon fut étonné d'entendre ses projets, mais il lui souhaita bonne chance dans sa recherche. Ils s'étreignirent un instant, comme deux frères.

Dylan remonta dans sa voiture sans savoir où aller. Puis il se retrouva devant chez les Walsh. Il n'y avait aucune lumière, dans la maison. Sauf au premier étage – la chambre de Brenda. Il se souvint de tout ce qu'ils avaient vécu ensemble, et se demanda si ça avait vraiment été une bonne idée de rompre… En tout cas, Brenda était heureuse avec Rick, et c'était le principal.

La lumière finit par s'éteindre, et Dylan redémarra.

4082

R.I.D. Composition 91400 Gometz-la-Ville
Achevé d'imprimer en Europe (France)
par Brodard et Taupin à La Flèche (Sarthe)
le 15 décembre 1995. 6787M
Dépôt légal décembre 1995. ISBN 2-277-24082-6
Éditions J'ai lu
27, rue Cassette, 75006 Paris
Diffusion France et étranger : Flammarion